INSTAND-Schriftenreihe Band 8

Institut für Standardisierung und Dokumentation
im Medizinischen Laboratorium e.V. (INSTAND)

Springer

*Berlin
Heidelberg
New York
Barcelona
Budapest
Hongkong
London
Mailand
Paris
Santa Clara
Singapur
Tokio*

Rainer Haeckel (Hrsg.)

Ermittlung des Personalbedarfs

Neues Konzept

2. Auflage

Mit Beiträgen von

P. M. Bayer, S. Fang-Kircher, G. Fischer, R. Haeckel,
H. J. Gibitz, W. Hinsch, K.-M. Otte, W. Stein, G. Weidemann

Mit 28 Abbildungen und 35 Tabellen

Springer

Reihenherausgeber
Dr. med. Friedrich da Fonseca-Wollheim
Krankenhaus Zehlendorf
Gimpelsteig 3-5
D-14165 Berlin

für INSTAND, Institut für Standardisierung und Dokumentation
im Medizinischen Laboratorium e.V.,
Johannes-Weyer-Straße 1
D-40225 Düsseldorf

Bandherausgeber
Professor Dr. Rainer Haeckel
Institut für Laboratoriumsmedizin-Zentrallabor
Zentralkrankenhaus St. Jürgenstraße
St. Jürgenstraße
D-28205 Bremen

Die Deutsche Bibliothek – CIP-Einheitsaufnahme

Ermittlung des Personalbedarfs : neues Konzept ; mit 35 Tabellen /
Rainer Haeckel (Hrsg.). Mit Beitr. von P. M. Bayer ... - 2. Aufl. -
Berlin ; Heidelberg ; New York ; Barcelona ; Budapest ; Hongkong ;
London ; Paris ; Santa Clara ; Singapur ; Tokio : Springer, 1997
   (Instand-Schriftenreihe ; Bd. 8)

ISBN-13: 978-3-642-64600-3   e-ISBN-13: 978-3-642-60895-7
DOI: 10.1007/978-3-642-60895-7

Herstellung: PRO EDIT GmbH, D-69126 Heidelberg
Datenkonvertierung: Zechnersche Buchdruckerei, D-67346 Speyer
Umschlag: E. Kirchner, D-69121 Heidelberg
SPIN: 10640462   27/3133-5 4 3 2 1 0 - Gedruckt auf säurefreiem Papier

Vorwort zur 2. Auflage

Das 1992 von R. Haeckel in der INSTAND Schriftenreihe herausgegebene Werk über Personalbedarfsermittlung im medizinischen Laboratorium liegt nun in einer in zahlreichen Details überarbeiteten und erweiterten Neuauflage vor. Nach wie vor ist das von der Arbeitsgruppe angewendete System zur Ermittlung des Personalbedarfs der fundierteste Ansatz für die Bemessung des Personalbudgets und für alle Überlegungen, die auf einen verbesserten Einsatz der vorhandenen personellen Ressourcen zielen.

Seine Anwendung setzt voraus, daß z.B. die Konsensuswerte über direkte Personalzeiten für die im Laboratorium eingesetzten Analysensysteme laufend fortgeschrieben und aktuell zugänglich gemacht werden. INSTAND e.V. sieht hierin eine wichtige Aufgabe der Fachgesellschaften und wird die verdienstvolle fortgesetzte Aktivität der Autorengruppe dadurch unterstützen, daß Neuauflagen künftig in kürzeren Abständen erscheinen können.

Auf die Bedeutung einer angemessenen Personalausstattung von medizinischen Laboratorien für die Sicherung der Prozeß- und Ergebnisqualität ist im Rahmen der INSTAND Schriftenreihe schon frühzeitig hingewiesen worden (siehe z.B. Osburg H. Personalbedarf und Kosten. In: Qualitätssicherung im Medizinischen Laboratorium. v. Borovicsény KG, Merten R, Merten UP, Hrsg. INSTAND Schriftenreihe Bd. 5. Springer-Verlag, Berlin Heidelberg New York 1987). Erfreulicherweise sind inzwischen diese Zusammenhänge allgemein anerkannt worden. Derzeit erfahren Initiativen für Qualitätsmanagement und Laborakkreditierung, bei denen die Dokumentation der Personalstruktur einen sehr hohen Stellenwert hat, uneingeschränkte Unterstützung von den auf dem Gebiet der Laboratoriumsdiagnostik tätigen medizinischen Fachgesellschaften. Die Personalbedarfsermittlung nach dem in diesem Buch gezeigten Vorgehen wird in diesem Zusammenhang für die Darlegung einer ausreichenden personellen Ausstattung eines Laboratoriums sehr nützlich sein und als Leitlinie dienen müssen.

Düsseldorf und Berlin, im November 1996

Dr. med. F. da Fonseca-Wollheim
Prof. Dr. med. H. Reinauer

Aus dem Vorwort zur 1. Auflage

Die eindruckvollste Weiterentwicklung der Methoden und Technologien in der Laboratoriumsmedizin führt leicht zur Unterschätzung der entscheidenden Rolle des Menschen als ihr Nutzer und Anwender. Ohne ausreichende fachliche Qualifikation und Kapazitäten des im Laboratorium beschäftigten Personals sind aber weder zuverlässige Befunde noch eine optimale Nutzung der diagnostischen Möglichkeiten gewährleistet. Der „Betreiber" muß im Sinne einer adäquaten Strukturqualität das Laboratorium personell so ausstatten, daß es den Anforderungen in qualitativer und quantitativer Hinsicht genügt. Auch im medizinischen Laboratorium als einem hochtechnisierten Bereich der Medizin erfordern die Personalkosten jedoch einen ganz wesentlichen Teil des Budgets. Neben den psychologisch ungünstigen Folgen einer „Überbesetzung" besteht daher ein permanenter wirtschaftlicher Zwang, alle Möglichkeiten zur Kosteneinsparung zu nutzen.

Die rationale Basis für die Bemessung des medizinisch-technischen Personals ist die Gesamtheit der von einem Laboratorium in der präanalytischen, analytischen und der postanalytischen Phase erbrachten Leistungen. Abgesehen von der Anzahl durchgeführter Analysen sind hierbei die zur Verfügung stehenden Gerätesysteme und zahlreiche mit der Organisation des individuellen Laboratoriums verbundene Randbedingungen zu berücksichtigen. Die Arbeitsgruppe „Analysenzeitermittlung" der Deutschen und der Österreichischen Gesellschaften für Klinische Chemie hat mit finanzieller Unterstützung ihrer Fachgesellschaften in mehrjähriger Tätigkeit Grundlagen erarbeitet und ein Konzept für eine leistungsbezogene Berechnung des Personalbedarfs entwickelt. Ein Teil der Ergebnisse dieser beachtlichen Arbeit wurden bisher in verschiedenen Fachzeitschriften publiziert. Eine vollständige und aktualisierte Zusammenfassung wird nunmehr in Buchform vorgelegt, um mit einer kompakten Dokumentation die praktische Anwendung in den Laboratorien zu erleichtern.

Weiterhin sind die Empfehlungen zur Ausstattung des Kliniklaboratoriums mit akademisch ausgebildetem Personal von größtem Interesse, da ausreichende Stellenkapazitäten u. a. für die Weiterbildungsmöglichkeiten im Gebiet der Laboratoriumsmedizin entscheidend sind.

Mit der Herausgabe dieses Buches über Personalbedarfsermittlung setzt INSTAND eine Tradition fort, die 1976 mit dem ersten Erscheinen des in mehreren Auflagen erfolgreichen Werks von *K. Osburg*: „Bewertungssystem zur Berechnung des Personalbedarfs im Medizinischen Laboratorium" begonnen wurde. Wir hoffen, daß das „Neue Konzept" künftig zu der von allen Seiten akzeptierten Grundlage bei der Ermittlung des Personalbedarfs wird. *R. Haeckel* als verantwortlichem Herausgeber und den beteiligten Autoren danken wir herzlich für ihre hervorragende Arbeit.

Düsseldorf und Berlin, im August 1992   Dr. med. F. da Fonseca-Wollheim
                                                         Prof. Dr. med. H. Reinauer

Inhaltsverzeichnis

Autorenverzeichnis

Prof. Dr. med. Peter Michael **Bayer**
Zentrallaboratorium und Blutbank des Wilhelminenspitals der Stadt Wien,
Montleartstraße 37, A-1171 Wien

Dr. med. Susanne **Fang-Kircher**
Institut für Medizinische Chemie, Universität Wien, Währinger Straße 10, A-1090 Wien

Gerhard **Fischer**
Krankenanstaltenverbund - Generaldirektion
MA 17 Anstaltenamt, Dezernat II/Wirtschaftsabteilung, Schottenring 25, A-1010 Wien

Dr. med. Hans Jörg **Gibitz**
Elsenheimstr. 13, A-5020 Salzburg

Prof. Dr. med. Rainer **Haeckel**
Institut für Laboratoriumsmedizin-Zentrallabor, Zentralkrankenhaus St.-Jürgenstraße, St.-
Jürgenstraße, D-28205 Bremen

Prof. Dr. rer. nat. Wilhelm **Hinsch**
Zentrallabor, Reinhard-Nieter-Krankenhaus, Friedrich-Paffrath-Straße 100, D-26389
Wilhelmshaven

Dipl.- Chem. Dr. med. Klaus-Martin **Otte**
Allgemeines Krankenhaus St.Georg, Abteilung Laboratoriumsmedizin/Klinische Chemie,
Lohmühlenstr. 5, D-20099 Hamburg

Prof. Dr. med. Dr. rer. nat. Wolfgang **Stein**
Allgemeines Krankenhaus St.Georg, Abteilung Laboratoriumsmedizin/Klinische Chemie,
Lohmühlenstr. 5, D-20099 Hamburg

Dr. med. Gerhard **Weidemann**
Institut für Klinische Chemie und Laboratoriumsmedizin, Klinikum der Stadt Nürnberg,
Breslauer Straße 201, D-90471 Nürnberg

1 Einleitung

R. Haeckel

Objektivierbare Kriterien zur Ermittlung des Personalbedarfs in medizinischen Laboratorien müssen sowohl der Arbeitgeberseite zwecks Vermeidung von überflüssigen Personalstellen, als auch der Arbeitnehmerseite zum Schutz vor Arbeitsüberlastung gerecht werden.

Im medizinischen Laboratorium werden vier Methoden zur Ermittlung des Personalbedarfs angewendet (Haeckel 1989): Die Arbeitsplatzmethode, die Osburgsche Methode, die CAP-Methode und die Methode der Verwendung von Anhaltszahlen, die vorwiegend von Wirtschaftsprüfungsgesellschaften eingesetzt wird. Die Anhaltszahlen resultieren aus dem Leistungsvermögen der eingesetzten Geräte (Reinhard 1991), wobei jede Gesellschaft auf eigene Erfahrungswerte zurückgreift.Diese empirischen Einheits-, bzw. Durchschnittswerte aus früheren Prüfungen anderer Laboratorien berücksichtigen laborindividuelle Strukturen nur ungenügend. Diesen Nachteil hat Reinhard durch Angabe von Bandbreiten zu kompensieren versucht.

Bei der Arbeitsplatzmethode müssen alle Arbeitsplätze definiert werden. Danach wird mit einigen verantwortlichen und erfahrenen Mitarbeitern ein Konsensus darüber erzielt, wieviel Personalkapazität für jeden Arbeitsplatz erforderlich ist.Ein praktisches Beispiel ist bei Haeckel (1989) dargestellt. Die Summe der Personalkapazitäten bzw.Anzahl der Arbeitsplätze, die ganztägig besetzt sein müssen, wird dann um zusätzliche Dienste ergänzt (z.B. für Wochenenddienst) und mit einem Faktor für Fehlzeiten multipliziert. Die Fehlzeiten umfassen alle Beurlaubungen und durchschnittlichen Krankheitstage (Haeckel 1989).

Die Arbeitsplatzmethode wird mehr oder weniger intuitiv von vielen Laboratorien zur Abschätzung des Personalbedarfs eingesetzt. Sie kann nur als eine grobe Schätzung betrachtet werden, die aber immerhin einen gewissen Anhalt gibt und wenig Aufwand erfordert.

Das Bewertungssystem von Osburg (1987) beruht auf der Festlegung von Grundzeiten für manuelle Analysenverfahren, die durch gerätespezifische Rationalisierungsstufen an mechanisierte Systeme angepaßt werden.

Die Laboratory Workload Recording Method des College of American Pathologists (CAP) ist in Nordamerika weit verbreitet (Schumann und Haeckel 1987). Auch bei dieser Methode werden manuelle Analysenverfahren mit empirisch ermittelten "produktiven Arbeitsminuten" bewertet. Mechanisierte Systeme erhalten jedoch eigene Bewertungen, die von der Art der Analysen unabhängig sind.

Das CAP Konzept unterscheidet sich von den anderen vor allem dadurch, daß es für jedes Analysenverfahren die gesamte Strecke vom Probeneingang bis zum Befundausgang erfaßt. Im Osburgschen Konzept werden nur die unmittelbar die Analytik betreffenden Arbeitsschritte (direkt zuzuordnende Personalzeiten) gemessen, während die Bereiche

Probenannahme, Spüldienst, Datenverarbeitung als indirekte Zeiten aufgefaßt und entsprechend umgelegt werden.

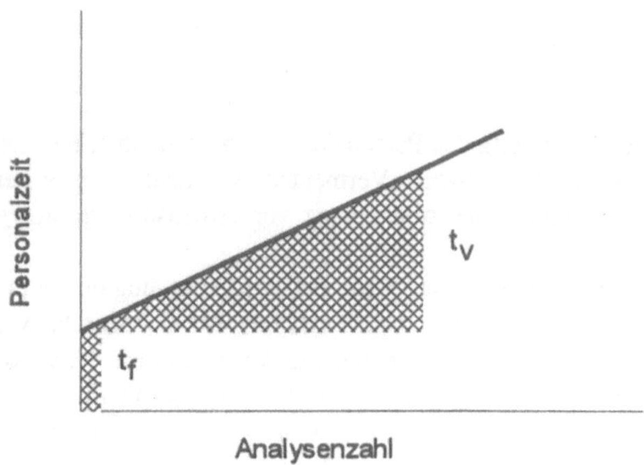

Abbildung 1-1. Abhängigkeit der direkten Personalzeiten von der Serienlänge. t_f = Summe der fixen Personalzeiten; t_v = Summe der variablen Personalzeiten pro Analyse

Die CAP Methode und das von Osburg publizierte Verfahren scheinen plausible Schätzwerte zu liefern, haben aber beide zwei wesentliche Nachteile:
- Sie vernachlässigen den Serieneffekt. Die für ein bestimmtes Analysenverfahren aufgelisteten Personalzeiten wurden durch praktische Zeiterfassung im Routinelaboratorium ermittelt Dabei wurde beispielsweise eine fiktive Serienlänge von 10 Proben angenommen und eine durchschnittliche Zeit pro Probe errechnet. Zwischen Personalzeit und Serienlänge wird eine lineare Beziehung vorausgesetzt, die durch den Koordinantenursprung geht:

$$t = t_v \cdot n$$

Den meisten Analysenverfahren liegt aber eine Funktion

$$t = t_f + t_v\ n$$

zugrunde (Abb.1-1), wobei t_f als fixe und t_v als variable Zeit bezeichnet wird. (Haeckel et al 1974, Fischer et al 1987). Je größer der fixe Zeitanteil ist, desto größer ist der Fehler bei dem Osburgschen und dem CAP Verfahren. Bei sehr kleinen Serienlängen (n < 10) wird die Personalzeit unterschätzt und bei sehr großen Serienlängen wird sie überschätzt. Daher eignen sich diese Verfahren auch nicht für den Kostenvergleich einzelner Analysensysteme.

- Sie berücksichtigen unterschiedliche Organisationsformen in den Laboratorien nicht,
  d.h. sie orientieren sich an einem imaginären Durchschnittslabor mit lediglich unterschiedlicher Rationalisierung des einzelnen Arbeitsplatzes. In größeren   Zentrallaboratorien wird ein Trend zu flexiblen Serviceleistungen beobachtet (unregelmäßiger
  Probeneingang, nicht angemeldete unvorhersehbare spezielle Leistungen, täglich
  mehrere Befundausgaben). Von Zentrallaboratorien wird eine vermehrte Anpassung
  an die Bedürfnisse der anfordernden Seite erwartet.

Die Deutsche und die Österreichische Gesellschaft für Klinische Chemie haben 1983 eine
Arbeitsgruppe konstituiert, die sich mit der Personalbedarfsermittlung befaßt. Seit 1990
vertritt diese Arbeitsgruppe auch die Deutsche, die Österreichische und die Schweizeri-
sche Gesellschaft für Laboratoriumsmedizin. Sie hat ein Konzept entwickelt, das auf den
Erfahrungen der oben genannten Verfahren aufbauend neue Wege einschlägt, um die
genannten Nachteile zu vermeiden.

Das von dieser Gruppe (Haeckel et al 1992) vorgeschlagene Konzept geht von der in
Abb. 1-1 gezeigten linearen Funktion zwischen Serienlänge und Personalzeit aus. Ferner
werden unterschiedliche Organisationsformen der Laboratorien berücksichtigt.

Allgemeine Empfehlungen zum Personalbedarf sind deshalb so schwierig, weil die
medizinischen Laboratorien große Strukturunterschiede aufweisen. So wird z.B. der
Personalbedarf erheblich davon beeinflußt, ob ein fester Annahmeschluß für den Probeneingang existiert oder ob die Proben während 24 Stunden angenommen und eventuell
sogar prozessiert werden können. Je nach Festlegung der Annahmemodalitäten wird ein
Zuschlag auf die Summe der direkten und indirekten Zeiten vorgenommen.

Eine andere Einflußgröße ist der unterschiedliche Probeneingang an den verschiedenen
Wochentagen. Im allgemeinen ist dieser am Anfang der Woche größer als am Ende. Es
wird eine Formel zur Berechnung eines entsprechenden Zuschlages empfohlen.

Das neue Konzept verknüpft wie Osburg und CAP Untersuchungszahlen mit Personalzeiten (Abb. 1-2). Daher hängt die Genauigkeit von der Zuverlässigkeit ab, mit der diese
beiden Größen erfaßt werden. Die Arbeitsgruppe hat Empfehlungen zur Erfassung von
Untersuchungszahlen, von Personalzeiten und zur Verknüpfung von beiden entwickelt.

Die Untersuchungszahlen muß jedes Labor selbst erfassen. Die neuen Zählempfeh-
lungen orientieren sich an der ab 1.1.1996 gültigen Gebührenordnung für Ärzte (GOÄ).
Labor-EDV-Systeme sollten alle erforderlichen Zahlen ohne zusätzlichen Aufwand
liefern. Die Personalzeiten können selbst nach den Empfehlungen der Arbeitsgruppe
ermittelt werden. Es wurden jedoch fixe und variable Zeiten für mehrere hundert Untersuchungsverfahren gesammelt, die im Anhang als vorläufige Konsensuswerte mitgeteilt
werden. Eine standardisierte Leistungsstatistik wird jedoch nicht nur für die Ermittlung
des Personalbedarfs, sondern auch für den Leistungsvergleich mit anderen Laboratorien,
für die gesetzlich geforderte Leistungserfassung und vor allem für die Kostenrechnung,
die in einer anderen Publikation der Arbeitsgruppe Labormanagement beschrieben wird,
benötigt.

Das Konzept versteht sich als ein Hilfsmittel, die personelle Organisation eines
medizinischen Laboratoriums zunächst tranparenter zu machen und danach eventuell zu
optimieren, nicht aber um eine unrationelle Organisation zu rechtfertigen.

Das Konzept eignet sich nicht nur zur objektivierbaren Ermittlung des Bedarfs an
technischem Personal, sondern auch für eine Überprüfung einer gerechten Personalverteilung in größeren Zentrallaboratorien. Ferner können nach der dem Konzept zugrunde-

liegenden Analyse der Arbeitsabläufe auch Kenngrößen für die Kostenberechnung von Laboruntersuchungen, Investitionsentscheidungen, prospektive Planungen und zur Ermittlung der Arbeitsplatzauslastung eingesetzt werden.

Zusammenfassend eignet sich das Konzept für folgende Managementziele:

1. Personalbemessung
1.1   Begründung des Personalbudgets (nach außen)
1.2   Überprüfung der internen Personalverteilung in größeren Laboratorien mit mehreren Bereichen
2. Hilfsmittel für Investitionsentscheidungen.
   (z.B. Berechnung der kritischen Serienlänge)(Gibitz et al 1994)
3 Ermittlung einer möglichen Personaleinsparung bei Zentralisierung von mehreren Laboratorien
4. Hilfsmittel im Rahmen von Kostenberechnungen
5. Definition eines wesentlichen Teils der Fachgebietsidentität.

Im Rahmen einer Akkreditierung nach DIN-EN 45 001 kann mit Hilfe einer Ermittlung des Personalbedarfs nach Kapitel 6 eine adäquate Personalstärke belegt werden.

Der 1. Auflage war eine PC-Diskette beigefügt, mit der das im 6.Kapitel beschriebene Vorgehen nachvollzogen werden konnte. Für die 2.Auflage wurde die Software modernisiert und überarbeitet. Sie läuft unter MS-Windows und benötigt mindestens einen IBM kompatiblen PC mit 8 MB Arbeitsspeicher und 10 MB freiem Speicher auf der Festplatte. Das Programm kann per Diskette zusammen mit einer Anleitung über INSTAND gegen eine Gebühr bezogen werden.

Der oben genannten Arbeitsgruppe haben während der Überarbeitung der 1.Auflage neben den Autoren noch angehört: Dr. W. Appel, Dr. H. Engler, Dr. J .Muche, und Prof. Dr. W. Vogt.

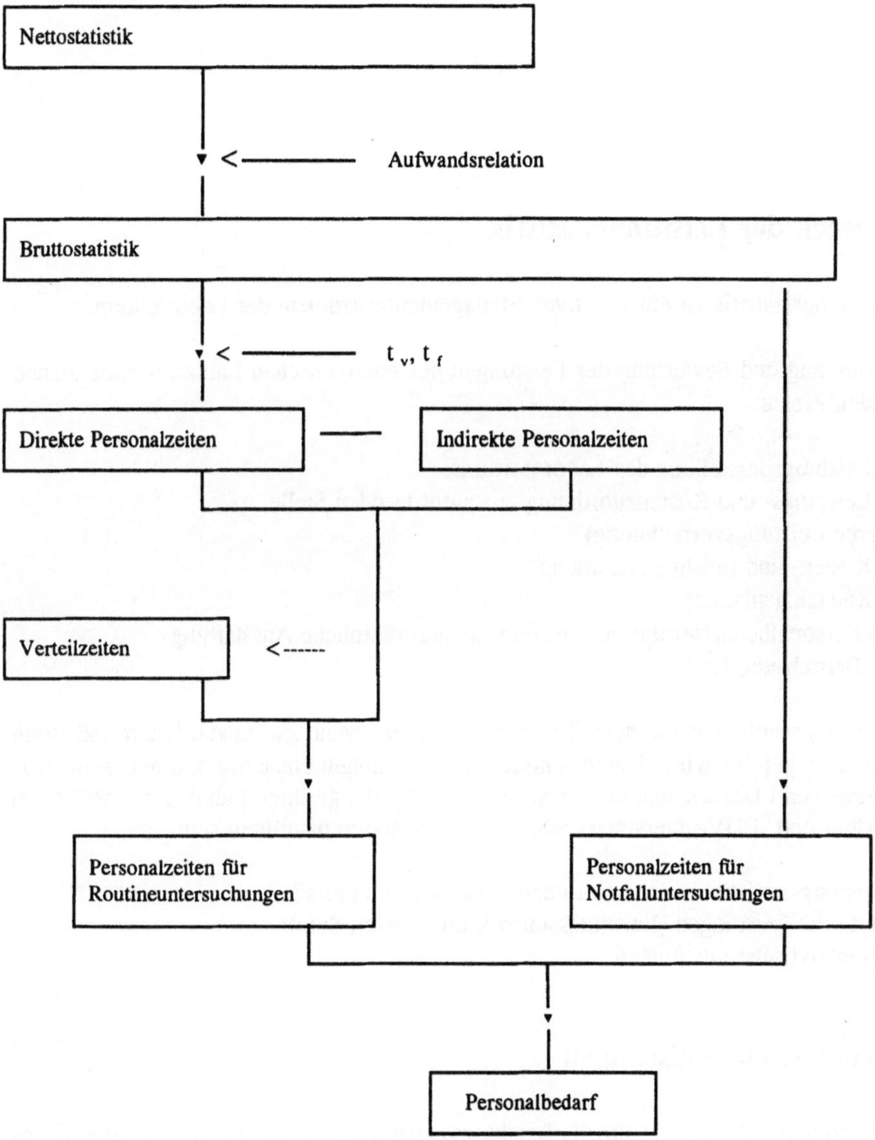

Abbildung 1-2. Schema des neuen Konzepts zur Ermittlung des Bedarf an medizinisch-technischem Personal

2 Leistungsstatistik

G. Weidemann

2.1 Zweck der Leistungsstatistik

Die Leistungsstatistik ist ein wichtiges Managementinstrument der Laborleitung.

Die Erfassung und Bewertung der Leistungen des medizinischen Laboratoriums dienen folgenden Zielen:

- der Leistungsdarstellung des Laboratoriums
- der Leistungs- und Kostenzuordnung zur anfordernden Stelle
  (interne Leistungsverrechnung)
- der Kosten- und Leistungsrechnung
- der Kapazitätsplanung
  (z.B.Personalbedarfsermittlung, technische und räumliche Ausstattung)
- dem Betriebsvergleich.

Die Leistungsstatistik kann ihren Zweck nur erfüllen, wenn sie standardisiert und somit vergleichbar geführt wird. Hierzu müssen die Leistungen eindeutig definiert sein. Das Erfassungs- und Dokumentationsverfahren sollte für die gesamte Laboratoriumsmedizin anwendbar und, EDV-unterstützt, möglichst einfach durchzuführen sein.

Die Leistungsstatistik im medizinischen Laboratorium umfaßt
- analytische Leistungen (Leistungsstatistik im engeren Sinn)
- nicht-analytische Leistungen.

2.2 Analytische Leistungen

Das traditionelle Zählobjekt für die Leistungsstatistik des medizinischen Laboratoriums sind die analytischen Leistungen. Diese umfassen die Untersuchung körpereigener und körperfremder Substanzen, die Untersuchung körpereigener Zellen sowie Untersuchungen zum Nachweis und zur Charakterisierung von Mikroorganismen.

Die gemeinsame Arbeitsgruppe „Analysenzeitermittlung" der Deutschen und der Österreichischen Gesellschaften für Klinische Chemie hat Vorschläge zur Erstellung einer differenzierten Analysenstatistik publiziert (1, 2). Sie sind zusammen mit einem Vorschlag der Deutschen Gesellschaft für Laboratoriumsmedizin (3) in einen DIN-Entwurf (13064, Teil 2) für die Führung einer Laborstatistik eingegangen.

Den folgenden Empfehlungen liegt nun ein methodenorientiertes, umfassendes Leistungsverzeichnis des medizinischen Laboratoriums zugrunde, das die vergleichbare Erfassung der analytischen Leistungen wesentlich vereinfacht. Darüber hinaus wurden die Definition der Zählobjekte und das Erfassungs- und Dokumentationsverfahren modifiziert, damit die Vorschläge für die Führung einer Leistungsstatistik auch für die Bereiche Mikrobiologie und Immunhämatologie geeignet sind.

2.2.1 Zählobjekte für die analytischen Leistungen

Die Statistik der analytischen Leistungen umfaßt

- die *beantragten Untersuchungen* und
- die *durchgeführten Untersuchungen*.

In der klinischen Chemie wird die analytische Leistung auch als Analyse bezeichnet und hierunter der (qualitative) Nachweis oder die (quantitative) Bestimmung eines Analyten in einem Untersuchungsmaterial verstanden. Der Begriff "Meßgröße" ("quantity") enthält die Angaben: System - Komponente - Meßgrößenart (z.B. Plasma - Kalium - mmol/l). Für die Erstellung der Leistungsstatistik erscheint der Begriff *Untersuchung* umfassender und für alle Bereiche der Laboratoriumsmedizin, insbesondere für die Mikrobiologie, zutreffender als die Begriffe Analyse und Meßgröße.

Gezählt werden die in einer Zeiteinheit *beantragten* Untersuchungen. Die Gesamtzahl der beantragten Untersuchungen abzüglich der vom Laboratorium nicht durchgeführten bzw. weitergeleiteten Untersuchungen (siehe 2.2.2.1) ergibt die *Nettostatistik*. Sie wird z.B. für die interne Leistungsverrechnung, Einsenderstatistik und Kostenrechnung benötigt. Die aufgrund der beantragten Untersuchungen im Laboratorium *durchgeführten* Einfach- oder Mehrfachuntersuchungen einschließlich aller Zusatzuntersuchungen, die erforderlich sind, um einen zuverlässigen Befund zu erhalten, ergeben die *Bruttostatistik*. Sie ist die für die Leistungsdarstellung des Laboratoriums, für die Kostenrechnung, für Kapazitäts- planungen und Betriebsvergleiche relevante Statistik.

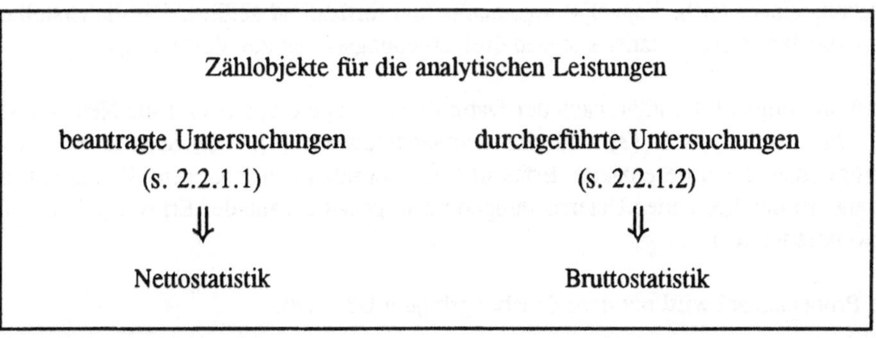

Bei Verwendung der Leistungsstatistik für die Personalbedarfsermittlung ist zu berücksichtigen, daß beim Einsatz von selektiven Parallelanalysatoren (z.B. ASTRA, AU 5000) die Personalzeit von der Anzahl der untersuchten *Proben* und nicht von der Anzahl der durchgeführten Einzeluntersuchungen abhängt. Bei diesen Geräten müssen deshalb außer den beantragten und den durchgeführten Untersuchungen auch die *Proben* gezählt werden.

2.2.1.1 Beantragte Untersuchungen

Im allgemeinen werden die Untersuchungen von labor*externen* Einsendern explizit oder über eine Fragestellung beantragt. Untersuchungen können aber auch vom Laboratorium selbst veranlaßt werden. Diese werden als labor*interne* Anträge bezeichnet. Sie umfassen

- *Folgeuntersuchungen, d.h. ergänzende Untersuchungen, die aufgrund des Ergebnisses einer beantragten Untersuchung für die weiterführende Diagnostik laborintern veranlaßt werden*
- *Untersuchungen für Ringversuche (externe Qualitätskontrolle)*
- *Untersuchungen zur Ermittlung von Soll- und Referenzwerten sowie von standardisierten Bezugswerten*
- *Untersuchungen im Rahmen der Aus-, Weiter- und Fortbildung*
- *Untersuchungen für Methoden- und Geräteevaluationen.*

2.2.1.2 Durchgeführte Untersuchungen

Die beantragten Untersuchungen werden als Einfach- oder Mehrfachuntersuchungen durchgeführt. Um einen analytisch zuverlässigen Laborbefund zu erhalten, müssen zusätzlich weitere Untersuchungen durchgeführt werden. Als Zusatzuntersuchungen werden erfaßt:
- *Reagenzienleerwerte und separate Probenleerwerte*
- *Kalibrationen*
- *Kontrolluntersuchungen*
- *laborinterne Qualitätskontrollen*
- *Wiederholungsuntersuchungen.*

2.2.2 Erstellung der Leistungsstatistik

Die Statistik der analytischen Leistungen wird arbeitsplatzbezogen, d.h. an der Erhebungseinheit (siehe Kapitel 4) regelmäßig und fortlaufend geführt. Für die Erstellung einer standardisierten Statistik stehen drei Erhebungsbögen zur Verfügung.

Erhebungsbogen U1 enthält nach der Datumsspalte [1] die Spalten für die Nettostatistik [2], die Bruttostatistik [3] und die Aufwandsrelation [4]. Die Spalten 3a bis 3f ermöglichen die differenzierte Erfassung der Zusatzuntersuchungen. Wenn nur die Summe der durchgeführten Untersuchungen benötigt wird, kann der Erhebungsbogen U2 verwendet werden.

Die Probenanzahl wird mit dem Erhebungsbogen U3 erfaßt.

Erhebungsbogen für Untersuchungszahlen		U 1	Jahr	Monat	

Untersuchung:

Leistungsnummer:
_______________ . _____

Methode / Gerät:

Mechanisierungsgrad:
manuell ( )
teilmechanisiert ( )
vollmechanisiert ( )

Erbracht während ( ) außerhalb ( ) der regulären Arbeitszeit als Routine- ( )als Notfall-Untersuchung ( )

1	2	3								4
	Nettostatistik	**Bruttostatistik**- durchgeführte Untersuchungen								
		3a	3b	3c	3d	3e	3f	3g		
	beantragte Untersuchungen	Ein-/Mehr-fachunter-suchungen	Reagenzien- und Proben-leerwerte	Proben für die Kalibration	Kontroll-unter-suchungen	laborinterne Qualitäts-kontrollen	Wieder-holungs-unter-suchungen	durchge-führte Unter-suchungen Σ 3a-3f		Aufwands-relation
1										
2										
3										
4										
5										
6										
7										
8										
9										
10										
11										
12										
13										
14										
15										
16										
17										
18										
19										
20										
21										
22										
23										
24										
25										
26										
27										
28										
29										
30										
31										
Σ										x =

Abbildung 2-1. Erhebungsbogen für Untersuchungszahlen

Erhebungsbogen für Untersuchungszahlen	U 2	Jahr	Monat	
Untersuchung:				Leistungsnummer: ________.____
Methode / Gerät				Mechanisierungsgrad manuell ( ) teilmechanisiert ( ) vollmechanisiert ( )

Erbracht während ( ) außerhalb ( ) der regulären Arbeitszeit als Routine- ( ) als Notfall-Untersuchung ( )

1	2	3	4
	Nettostatistik	**Bruttostatistik**	
	beantragte Untersuchungen	durchgeführte Untersuchungen	Aufwandsrelation
1			
2			
3			
4			
5			
6			
7			
8			
9			
10			
11			
12			
13			
14			
15			
16			
17			
18			
19			
20			
21			
22			
23			
24			
25			
26			
27			
28			
29			
30			
31			
Σ			x =

Abbildung 2-2. Erhebungsbogen für Untersuchungszahlen

<table>
<tr><td colspan="2">Erhebungsbogen für Proben</td><td>U 3</td><td>Jahr</td><td>Monat</td><td></td></tr>
<tr><td colspan="3">Untersuchung (en):</td><td colspan="3"></td></tr>
<tr><td colspan="3">Gerät:</td><td colspan="3"></td></tr>
<tr><td colspan="7">Erbracht während ( ) außerhalb ( ) der regulären Arbeitszeit als Routine- ( )als Notfall-Untersuchung ( )</td></tr>
</table>

1	2	3								4
	Nettostatistik	Bruttostatistik- untersuchte Proben								
		3a	3b	3c	3d	3e	3f	3g		
	Proben für beantragte Untersuchungen	ein-/mehr- fach unter- suchte Proben	Proben für Reagenzien- und Leer- werter- ermittlung	Proben für die Kalibration	Proben fürKontroll- unter- suchungen	Proben für laborinterne Qualitäts- kontrollen	wiederholt untersuchte Proben	untersuchte proben Σ 3a-3f		Aufwands- relation
1										
2										
3										
4										
5										
6										
7										
8										
9										
10										
11										
12										
13										
14										
15										
16										
17										
18										
19										
20										
21										
22										
23										
24										
25										
26										
27										
28										
29										
30										
31										
Σ										x =

Abbildung 2-3. Erhebungsbogen für Proben

Für jede der im Leistungsverzeichnis enthaltenen Untersuchungen, die vom Laboratorium erbracht werden, wird ein Erhebungsbogen (U1 oder U2) verwendet. Wenn Untersuchungen in verschiedenen Materialien durchgeführt werden, z.B. die Glucosebestimmung im Blut, Harn und Liquor, wird pro Meßgröße ("Glucose im Blut", "Glucose im Harn", "Glucose im Liquor") jeweils ein Erhebungsbogen benötigt.

Je nach Verwendungszweck der Leistungsstatistik müssen für die Notfall- und Routineuntersuchungen getrennte Statistiken erstellt werden, da die Notfalldiagnostik, auch wenn sie in die Routinediagnostik integriert ist, zusätzlichen Aufwand verursacht. Für bestimmte Fragestellungen kann es notwendig sein, nach Arbeitsschichten (Tag-, Spät-, Nachtdienst) getrennte Leistungsstatistiken zu führen. Nach der Bundespflegesatz-verordnung sind die Leistungsstatistiken getrennt für den *"stationären Bereich"* sowie für den *"ambulanten Bereich und für Dritte"* zu erstellen.

2.2.2.1 Erfassung der beantragten Untersuchungen
Die Untersuchung mit der zugehörigen Leistungsnummer wird im Kopfteil des Erhebungsbogens eingetragen und die Anzahl der beantragten Untersuchungen in Spalte 2 erfaßt.

Beantragte Untersuchungen, die im Leistungsverzeichnis noch fehlen, werden mit der laborüblichen Bezeichnung als "Untersuchung mit ähnlichem methodischen Aufwand", unter der entsprechenden Leistungsnummer[1] und in der siebten und achten zählenden Stelle fortlaufend numeriert, erfaßt.

Wenn eine beantragte Untersuchung nicht durchgeführt wurde, weil z.B.

- das Untersuchungsgut ungeeignet war,
- kein oder zuwenig Untersuchungsgut vorhanden war,
- die Untersuchung sich aufgrund des Ergebnisses einer anderen Untersuchung erübrigt hatte,
- die beantragte Untersuchung nicht indiziert war oder
- an ein anderes Laboratorium weitergeleitet wurde,

wird sie in der Nettostatistik nicht berücksichtigt. Da beantragte aber nicht durchgeführte Untersuchungen einen nicht unerheblichen Aufwand verursachen, kann es aus betriebswirtschaftlichen Gründen jedoch erforderlich werden, diese nicht-analytischen Leistungen *gesondert* zu erfassen.

Untersuchungen werden nicht nur explizit, sondern häufig über eine *medizinische Fragestellung* beantragt. Insbesondere im Bereich der klinischen Toxikologie, der Mikrobiologie, der Immunologie und der Hämostaseologie wird die Einsendung des

---

[1] Zur Systematik des Nummernschlüssels siehe Erläuterung im Kapitel
"Leistungsverzeichnis des Medizinischen Laboratoriums"

Untersuchungsgutes mit einer medizinischen Fragestellung verbunden. In diesen Fällen werden für die Nettostatistik als beantragte Untersuchungen alle Untersuchungen gezählt, die vom Laboratorium zur Beantwortung der Fragestellung veranlaßt wurden. Sofern Fragestellungen eine Vielzahl verschiedener Untersuchungen initiieren, empfiehlt es sich, auf der Basis des Leistungsverzeichnisses eine auf die individuelle Vorgehensweise angepaßte Übersicht aller Untersuchungen zu erstellen, die vom Laboratorium für die Beantwortung klinischer Fragestellungen vorgehalten werden. Anhand einer solchen Untersuchungsübersicht (Abb.2-4.) können dann die aus der Fragestellung und dem eingesandten Untersuchungsgut im Einzelfall resultierenden Untersuchungen als beantragte Untersuchungen einfach erfaßt werden.

Wenn eine Untersuchung, z.B. "Kleines Blutbild" aus mehreren Einzeluntersuchungen besteht (Bestimmung der Erythrozyten- und/oder Leukozyten- und/oder Thrombozyten- zahl der Hämoglobin-Konzentration, des mittleren Zellvolumens sowie der errechneten Kenngrößen und der Erythrozytenverteilungskurve) — in den bisherigen Gebühren- ordnungen als *Komplexuntersuchung* bezeichnet — wird für die Nettostatistik die Unter- suchung entsprechend der Beschreibung im Leistungsverzeichnis (17803.00101: Kleines Blutbild) als *eine* Untersuchung erfaßt.

Wenn eine vom Laboratorium festgelegte fixe Gruppe von Untersuchungen in einem Untersuchungsgang untersucht wird - im Laborjargon auch *Profil* genannt - werden für die Nettostatistik entsprechend der Position im Leistungsverzeichnis die einzelnen beantragten Untersuchungen gezählt.

Bei *Funktionstests* werden die einzelnen für den Test erforderlichen Untersuchungen gezählt.

2.2.2.2 Erfassung der durchgeführten Untersuchungen

Die durchgeführten Einfach- oder Mehrfachuntersuchungen (Spalte 3a) sowie alle Zusatzuntersuchungen werden in den entsprechenden Spalten (3a bis 3g) des Erhebungs- bogens U1 gezählt.

In Spalte 3a wird die Anzahl der aufgrund des Untersuchungsantrags durchgeführten Einfach- oder Mehrfachuntersuchungen erfaßt. Wird im Laboratorium eine Untersuchung (z.B. partielle Thromboplastinzeit) immer als Doppeluntersuchung durchgeführt, so wird für die Bruttostatistik in Spalte 3a die doppelte Anzahl der beantragten Untersuchungen eingetragen.

Reagenzienleerwerte werden als Zusatzuntersuchungen in Spalte 3b gezählt. Dies gilt auch für *Probenleerwerte*, wenn sie in einem *separaten* Ansatz bestimmt werden. Wird der Probenleerwert dagegen in *einem* Analysengang mitbestimmt, z.B. durch Messung der Extinktion vor Zugabe des Startreagenzes, so wird der Probenleerwert als definierter Bestandteil der Untersuchung nicht mitgezählt.

Immunchemische Untersuchungen mittels Ligandenassay			
qualitativ / semiquantitativ		quantitativ	
Amphetamine	17202.901.ma	Paracetamol	17203.901.01
Barbiturate	17202.036.ma	Salicylate	17203.902.01
Benzodiazepine	17202.037.ma	Phenobarbital	17203.085.01
Cannabinoide	17202.038.ma	Carbamezepin	17203.025.01
Cocain + Mb	17202.040.ma	Phenytoin	17203.086.01
Methadon	17202.045.ma	Primidon	17203.089.01
Opiate	17202.046.ma	Valproinsäure	17203.125.01
Tricyklische		Digoxin	17203.042.01
Antidepressiva	17202.902.ma	Digitoxin	17203.041.01

"Schnelltests"	
Farbtests	19002.900.ma
Chromometrische Gasanalyse	*)19005.900.ma
Schnellidentifikation von Tabletten und Drogenresten	*)19002.900.ma

Klinisch-chemische Routineuntersuchungen	
Cholinesterase im Serum	18001.018.01
Eisen im Serum	18001.022.01
Osmolalität	17301.001.ma
Blugasanalyse	18101.001.02
Ethanol (enzymatisch)	18001.025.ma

Gaschromatographie			
qualitative Untersuchung		quantitative Bestimmung	
mit einfacher Probenvor-bereitung ohne Derivatisie-rung	16401.900.ma	Ethanol	16401.002.ma
mit aufwendiger Proben-vorbereitung (z.B.Hydro-lyse,Festphasenextraktion) und/ oder Derivatisierung	16403.904.ma	leichtflüssige Halogen-KW	16401.004.ma
		Lösungsmittel	16401.005.ma
		Methanol	16401.006.ma

Abbildung 2-4. Toxikologische General Unknown Analyse - Leistungserfassung für die Nettostatisik, wobei *)=analoge Erfassung, ma=Materialart (01 - 99 s. Leistungsverzeichnis)

Hochdruckflüssigchromatographie

ohne / mit einfacher Probenvorbereitung	16601.001.ma
mit aufwendiger Probenvorbereitung	16602.010.ma

Kopplungsverfahren

Gaschromatographie / Massenspektrometrie (GC/MS)	16501.006.ma
Gaschromatographie / Fouriertransform-Infrarotspektrometrie (GC/FTIR)	*)16501.901.ma
Hochdruckflüssigchromatographie / Massenspektrometrie (HPLC/MS)	*)16501.006.ma

---

Dünnschichtchromatographie mit standardkorrigierten Rf-Werten und / oder Mehrfachentwicklung, Farbdetektionsfolge etc.

qualitativ / semiquantitativ	15701.002.ma
mit Extraktion / Derivatisierung	15702.004.ma

Metallspurenanalytik

Atomabsorptionsspektrometrie	15300.900.ma
- AAS-Flamme	
- AAS-Hybrid	
- AAS-Graphitrohr	
- ICP	*)15302.900.ma
Voltametrie	15602.900.ma

Spektrometrische Verfahren

Photometrie (UV-/ VIS-)	18001.900.ma
Photometrie nach Säulenchromatographie	18002.900.ma
IR-Spektrometrie	16801.900.ma

Legende s. linke Seite

Untersuchungen, die für die *Kalibration* quantitativer, semiquantitativer und qualitativer Verfahren erforderlich sind, werden in Spalte 3c erfaßt.

Kontrolluntersuchungen (Spalte 3d) sind Untersuchungen, die als integraler Bestandteil jeder einzelnen Untersuchung oder einer Untersuchungsserie zur Absicherung des Untersuchungsergebnisses mitgeführt werden. So sind z.B. bei der Bestimmung des Rhesus-Merkmals D in einer Blutprobe zur Vermeidung von Fehlbestimmungen immer positive und negative Kontrollen mit D-positven und D-negativen Testerythrozyten sowie eine Eigenkontrolle (Prüfung auf Autoagglutination) mitzuuntersuchen. Zu den Kontroll-untersuchungen zählen auch Untersuchungen, die zur Überprüfung einer gespeicherten Kalibrationskurve durchgeführt werden.

Laborinterne Qualitätskontrolluntersuchungen (Spalte 3e) umfassen die Untersuchungen zur Präzisionskontrolle in der Serie und von Tag zu Tag sowie zur Richtigkeitskontrolle quantitativer Untersuchungsmethoden.

Als *Wiederholungsuntersuchungen* (Spalte 3f) werden alle Untersuchungen erfaßt, die z.B. wegen eines möglichen Fehlers, bei Ergebnissen außerhalb des Meßbereichs oder aufgrund der Plausibilitätsbeurteilung wiederholt wurden.

Aus Untersuchungsergebnissen *rechnerisch abgeleitete Meßgrößen*, z.B. mittleres Zellvolumen, Standardbicarbonat, werden *nicht* als Zusatzuntersuchungen gezählt.

Die regelmäßige, komplette Erfassung sämtlicher Zusatzuntersuchungen ist aufwendig. Kann diese Arbeit nicht geleistet werden, müssen mindestens einmal jährlich vier Wochen lang anhand des Erhebungsbogens U1 zur täglichen Nettostatistik die erforderlichen einzelnen Zusatzuntersuchungen gezählt werden. Am Ende der Erfassungsperiode wird die durchschnittliche *Aufwandsrelation* ermittelt, indem die Anzahl der durchgeführten durch die Anzahl der beantragten Untersuchungen dividiert wird. Durch Multiplikation der Nettostatistik mit der durchschnittlichen Aufwandsrelation erhält man die Brutto-statistik.

2.3 Nicht-analytische Leistungen

Mit der Netto- und Bruttostatistik der analytischen Leistungen wird nur ein Teil der Arbeitsleistungen des im medizinischen Laboratorium tätigen Personals erfaßt. Neben der analytischen Leistung, d.h. der eigentlichen Durchführung der beantragten Untersuchungen, fallen im Umfeld dieser Tätigkeit entsprechend der Aufbau- und Ablauforganisation des Laboratoriums zahlreiche "nicht-analytische" Leistungen an. Für die Leistungsdar-stellung des Laboratoriums, für Kostenrechnungen, Kapazitätsplanungen und Betriebsver-gleiche ist die Berücksichtigung der im medizinischen Laboratorium erbrachten nicht-analytischen Leistungen unerläßlich.

2.3.1 Zählobjekte für nicht-analytische Leistungen

Zu den nicht-analytischen Leistungen des medizinisch-technischen Personals, zählen z.B.
- die Probengewinnung, wie
  • Kapillar- und Venenblutentnahmen
  • Magensaftgewinnung
  • Abstriche, Speichelgewinnung

- vorbereitende Maßnahmen für funktionsdiagnostische Untersuchungen

- der Probenversand an externe Einrichtungen

- Erfassung von Daten für die Ermittlung spezifischer laboratoriumsmedizinischer Kennzahlen
  • Einsender, stationär/ambulant
  • eingesandte Probengefäße (Primärgefäße)
  • Untersuchungsanträge
  • eingesandtes Untersuchungsgut (Blut, Harn, Stuhl, Sputum etc.)

- Beseitigung technischer Störungen und Wartung von Analysen- und Laborgeräten

- Erledigung laborinterner und externer Anfragen

- Administrative Aufgaben, z.B.
  • Bestellwesen, Lagerhaltung
  • Erfassung von analytischen und nicht-analytischen Leistungen

- Qualitätssicherungsmaßnahmen z.B.
  • Organisation der laborinternen Qualitätskontrolle

- Überprüfen von Methoden und Geräten, Testen neuer Verfahren

- Einarbeiten im Rahmen der Rotation des medizinisch-technischen Personals

- Betreuung der Labor-EDV
  • Operatortätigkeiten
  • Systemarbeiten

- Reinigungsarbeiten (z.B. spezielle Glasgeräte)

- spezielle Entsorgung des Untersuchungsgutes (z.B. durch Autoklavierung)

2.3.2 Erfassung der nicht-analytischen Leistungen

Eine *standardisierte* und *detaillierte* Erfassung *sämtlicher* nicht-analytischen Leistungen ist wegen des außerordentlichen Aufwandes und der unterschiedlichen Aufbau- und Ablauforganisationen der medizinischen Laboratorien nur eingeschränkt möglich.

Ein Teil der nicht-analytischen Leistungen, z.B. die Kapillar- und Venenblutentnahme, kann anhand von Strichlisten oder Formularen gezählt werden. Im allgemeinen werden die nicht-analytischen Leistungen als indirekte Personalzeiten erfaßt (siehe Kapitel 5).

Tabelle 2-1. Definitionen zum Kapitel Leistungsstatistik

Aufwandsrelation:
- Verhältnis der durchgeführten zu den beantragten Untersuchungen.

Beantragte Untersuchungen:
- Von laborexternen Einsendern explizit bzw. über eine Fragestellung beantragte oder laborintern veranlaßte Untersuchungen (s.a. Nettostatistik).

Bruttostatistik:
- Summe der durchgeführten Untersuchungen.

Durchgeführte Untersuchungen:
- Summe der Einfach- bzw. Mehrfachuntersuchungen und aller Zusatzuntersuchungen, die aus einer beantragten Untersuchung resultieren.

Folgeuntersuchungen:
- Ergänzende Untersuchungen, die aufgrund des Ergebnisses einer beantragten Untersuchung für die weiterführende Diagnostik laborintern veranlaßt werden.

Kontrolluntersuchungen:
- Kontrolluntersuchungen sind Untersuchungen, die als integraler Bestandteil jeder einzelnen Untersuchung oder einer Untersuchungsserie zur Absicherung des Untersuchungsergebnisses mitgeführt werden. Hierzu zählen u.a. die Untersuchungen positiver und negativer Kontrollproben bei semiquantitativen und qualitativen Methoden, Untersuchungen zur Überprüfung einer gespeicherten Kalibrationskurve sowie die in der Immunhämatologie durchzuführenden "Eigenkontrollen".

Laborinterne Qualitätskontrolluntersuchungen:
- Laborinterne Qualitätskontrolluntersuchungen umfassen Untersuchungen zur Präzision in der Serie und von Tag zu Tag sowie zur Richtigkeitskontrolle quantitativer Untersuchungsmethoden.

Tabelle 2-1. Definitionen zum Kapitel Leistungsstatistik

Mehrfachuntersuchungen:
- Untersuchungen, die in Mehrfachbestimmungen, z.B. als Doppeluntersuchungen oder in einer Verdünnungsreihe, durchgeführt werden.

Nettostatistik:
- Beantragte Untersuchungen abzüglich der vom Laboratorium nicht durchgeführten Untersuchungen.

Untersuchungen:
- Untersuchungen sind die analytischen Leistungen des medizinischen Laboratoriums.

Wiederholungsuntersuchungen:
- Untersuchungen, die z.B. wegen eines möglichen Fehlers, bei Ergebnissen außerhalb des Meßbereichs oder aufgrund der Plausibilitätsbeurteilung wiederholt wurden (s.a. Zusatzuntersuchungen).

Zusatzuntersuchungen:
- Um einen analytisch zuverlässigen Laborbefund zu erhalten, sind verschiedene Zusatzuntersuchungen erforderlich. Zählobjekte für Zusatzuntersuchungen sind: Reagenzienleerwerte und separate Probenleerwerte, Kalibrationen, Kontrolluntersuchungen, laborinterne Qualitätskontrollen, Wiederholungsuntersuchungen.

3 Zeitbegriffe

H. J. Gibitz

Es hat sich bewährt, die Zeiterfassung im medizinischen Laboratorium, die zum Zwecke der Organisationsplanung, der Personalbedarfsermittlung und der Kostenrechnung vorgenommen wird, auf die zu untersuchende Probe (Probenzeiten), auf die für die Durchführung derUntersuchungen erforderlichen Geräte (Gerätezeiten), auf das für die Durchführung der Untersuchungen erforderliche Personal (Personalzeiten) oder auf die pro Mitarbeiter geleistete Arbeit (Arbeitszeiten) zu beziehen (Haeckel et al. 1984).

Die Zweckmäßigkeit der Gliederung in Proben-, Geräte-, Personal- und Arbeitszeiten ergibt sich aus der Zuordnung dieser Zeitbegriffe zu bestimmten praxisbezogenen Fragestellungen (s. Tabelle 3-1). Eine übersichtliche Darstellung der Zusammenhänge innerhalb der Kategorien von Zeitbegriffen findet sich in Abbildung 3-1.

3.1 Probenzeiten

3.1.1 Bereitstellungszeit

Die Bereitstellungszeit ist die für die Gewinnung der Probe (Probennahmezeit) und den Transport der Probe (Transportzeit) erforderliche Zeit. Sie endet mit dem Eintreffen der Probe im Laboratorium.

Tabelle 3-1. Zeitbegriffe und Fragestellungen

Zeitbegriff	Fragestellung	Zweck der Frage
Probenzeit	Wie lange dauert eine Untersuchung von der Probennahme bis zur Bereitstellung des Befundes?	Betrifft Klinikorganisation
Gerätezeit	Wie lange ist ein Analysengerät für die Durchführung der Analysen eingesetzt?	Ermittlung des Gerätebedarfes und der Personalauslastung
Personalzeit	Wieviel Zeit muß für die Durchführung einer Analyse aufgebracht werden?	Ermittlung der Personalkosten als teil der Gesamtkosten einer Analyse (Kostenrechnung) und des Personalbedarfs
Arbeitszeit	Wieviel Zeit stellt der Mitarbeiter dem Labor zur Verfügung?	Ermittlung des Personalbedarfs

3.1.2 Bearbeitungszeit

Die Zeit vom Eintreffen der Probe im Laboratorium bis zur Bereitstellung des Befundes wird als Bearbeitungszeit bezeichnet.

3.1.2.1 Vorbereitungszeit
Die Vorbereitungszeit besteht aus Zeiten für das Registrieren, Identifizieren, Zentrifugieren und Verteilen (Splitten) der Probe.

3.1.2.2 Untersuchungszeit
Die Untersuchungszeit ist die Zeit, die für die Durchführung der analytischen Prozedur (Probenaufbereitung, Analyse, Auswertung) erforderlich ist. Sie endet mit der Ermittlung des Ergebnisses.

3.1.2.3 Befundzeit
Die Befundzeit besteht aus Zeiten für das Erstellen des schriftlichen Befundes, die medizinische Beurteilung (Longitudinal- und Transversalbeurteilung, Plausibilitätskontrolle) sowie das empfängerbezogene Sortieren und Bereitstellen der Befunde.

3.1.2.4 Standzeiten
Standzeiten sind zusätzliche Zeiten (z.B. Wartezeiten), die während der Bearbeitungszeit anfallen. Standzeiten können sich u.a. aus verfahrenstechnischen oder organisatorischen Gründen ergeben (s. 3.3.1).

3.1.3 Aufbewahrungszeit

Die Aufbewahrungszeit ist der Zeitraum zwischen dem Ende der Bearbeitungszeit und der Entsorgung der Probe.

3.2 Gerätezeit

Die Gerätezeit ist die Zeit, während der das entsprechende Gerät für die Durchführung von Untersuchungen eingesetzt wird (Haeckel et al. 1986b). Die Gerätezeit beginnt mit der Vorbereitung des Gerätes und endet mit der Außerbetriebnahme (z.B. Übergang in Stand by-Position) des Gerätes. Im Zusammenhang mit der Zeiterfassung kann die Gerätezeit in fixe, von der Untersuchungszahl unabhängige, und in variable, von derUntersuchungszahl abhängige, Zeiten unterteilt werden (Haeckel et al. 1986b).

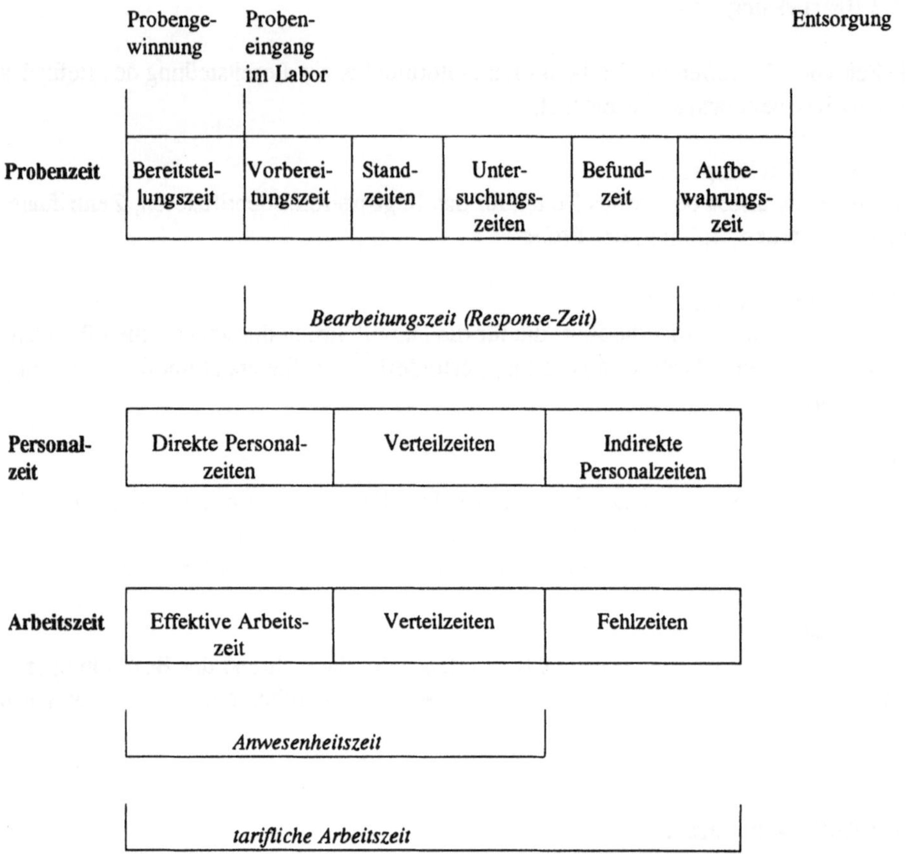

Abbildung 3-1. Gliederung von Zeitbegriffen im Medizinischen Laboratorium

3.3 Personalzeiten

Personalzeiten setzen sich zusammen aus direkten und indirekten Personalzeiten und aus Verteilzeiten.

3.3.1 Direkte Personalzeiten

Direkte Personalzeiten betreffen an einem definierten Arbeitsplatz unmittelbar die durchzuführende Untersuchung. Sie sind daher direkt meß- und zurechenbar. Erfaßt werden

- Vorbereitung des Arbeitsplatzes (Erhebungseinheit)
- Vorbereitung der Geräte
- Vorbereitung arbeitsplatzabhängiger Reagenzien
- Probenvorbereitung am Arbeitsplatz (Erhebungseinheit)

- Probenaufbereitung
- Messung der aufbereiteten Probe
- Berechnung des Ergebnisses
- Eintragen des Ergebnisses in eine Arbeitsliste
- Transfer des Ergebnisses (z.B. über EDV-Terminal)
- Analytische Beurteilung
- Statistikführung
- Außerbetriebnahme der Geräte
- Wartung und Reparaturen
- Aufräumen des Arbeitsplatzes

Andere Teilbereiche sind je nach Art der Untersuchung möglich.

Die Herstellung von arbeitsplatzunabhängigen Reagenzien, die Herstellung von destilliertem Wasser oder das Spülen von Glasgefäßen (es sei denn, daß eine besondere Reinigung speziell für die betreffendeUntersuchung erforderlich ist) werden als indirekte Zeiten betrachtet und hier nicht miterfaßt.

Bei der Erfassung der direkten Personalzeiten können längere Zeitintervalle (Standzeiten) auftreten, die für andere, nicht mit der betreffenden Untersuchung zusammenhängende Tätigkeiten verwendet werden können (wie z.B. längere Inkubations- oder Zentrifugierzeiten, Taktzeiten mechanisierter Analysensysteme). Diese Zeiten sind bei der direkten Personalzeit nicht zu berücksichtigen. Dagegen werden kurze Wartezeiten (z.B. während einer kurzen Zentrifugation), die das Einschieben einer Tätigkeit für ein anderes Analysenverfahren nicht zulassen, der direkten Personalzeit zugerechnet.

Im Zusammenhang mit der Zeiterfassung können die direkten Personalzeiten in fixe, d.h. von der Untersuchungszahl unabhängige, und in variable, d.h. von den Untersuchungen abhängige Zeiten, unterteilt werden (Haeckel et al. 1986c).

Aufgaben, die nicht unmittelbar mit der Erbringung patientenbezogener Leistungen in Zusammenhang stehen, sind im Rahmen der Personalbedarfsrechnung als direkte Personalzeiten gesondert zu behandeln, wie z.B. Entwicklung neuer Methoden, umfangreiche Geräteevaluationen (Stadium II Evaluationen (Haeckel et al. 1986b)), Studentenunterricht, Referenzmethoden, wissenschaftliche Untersuchungen, Gutachten.

3.3.2 Indirekte Personalzeiten

Indirekte Personalzeiten sind Personalzeiten, die nicht die Durchführung der Untersuchung selbst, sondern andere begleitende Tätigkeiten betreffen, wie z.B. Probenannahme und -verteilung, EDV-Operating, Reinigung von Glasgeräten, Telefongespräche usw.

Indirekte Personalzeiten können an nichtanalytischen oder an analytischen Arbeitsplätzen entstehen. Entstehen sie an nichtanalytischen Arbeitsplätzen (z.B. Spüle, zentrale Probenannahme), so können sie an diesen primär als direkte Personalzeiten aufgefaßt werden, für die analytischen Arbeitsplätze bzw. für die an diesen durchgeführten Untersuchungen bedeuten sie jedoch immer indirekte Personalzeiten. So bedeutet beispielsweise die Reinigung von Glasgeräten in einer zentralen Spüle indirekte Personalzeit für die analytischen Arbeitsplätze und direkte Personalzeit für den nichtanalytischen Arbeitsplatz "Spüle". Die Tätigkeit eines Technikers bei der Wartung einer Spülmaschine kann als indirekte Personalzeit für den nichtanalytischen Arbeitsplatz "Spüle" aufgefaßt werden, für den nichtanalytischen Arbeitsbereich "Technischer Dienst" würde sie als direkte Personalzeit zählen.

Indirekte Personalzeiten, die an nichtanalytischen Arbeitsplätzen entstehen, können verschiedene Personalgruppen (medizinisch-technisches Personal, Schreibpersonal, EDV-Personal, Reinigungskräfte, Akademiker) betreffen. Fallen sie an analytischen Arbeitsplätzen an, so betreffen sie meistens das dort tätige medizinisch-technische Personal, das primär die direkten Personalzeiten erbringt.

Die Personalzeiten des medizinisch-technischen Personals können sich an den analytischen Arbeitsplätzen also aus direkten und aus indirekten Personalzeiten zusammensetzen.

Indirekte Personalzeiten des medizinisch-technischen Personals können z.B. folgende Bereiche umfassen:

- Probengewinnung und -transport durch das Laborpersonal
- Probenannahme, -vorbereitung und -verteilung
- Zusammenstellung der Untersuchungsergebnisse für den Befundbericht, Verteilung der Befundberichte
- Einarbeitung von neu eingestelltem Personal
- Tagesschwankungen beim Probeneingang
- Zusätzlicher Aufwand für besondere Serviceleistungen
- Herstellung und Entsorgung von Reagenzien (soweit sie nicht in die Reagenzienvorbereitung am Arbeitsplatz fällt) und Herstellung von destilliertem Wasser
- Beseitigung technischer Störungen von Analysengeräten und Wartung (z.B. von arbeitsplatzunabhängigen Druckern, Zentrifugen etc.), die nicht als direkte Personalzeiten erfaßt werden
- Telefonische Befunddurchsagen und Bearbeitung von Anfragen
- Laboraufsicht, Dienstplangestaltung, Urlaubseinteilung
- Administrative Aufgaben (Datenverarbeitung, Einkauf, Lagerhaltung)
- Qualitätssicherungsmaßnahmen (z.B. laborinterne Organisation der Ringversuche, Führung der Kontrollkarten, monatliche Auswertungen, Auswiegen von Pipettiervolumen)
- Überprüfung von Methoden und Geräten, Testen neuer Verfahren, einschließlich Stadium III Evaluationen (Haeckel et al. 1986b)
- Einarbeitung im Rahmen einer Rotation der Mitarbeiter
- Fortbildung und regelmäßiger Unterricht.

Beispiele für indirekte Personalzeiten, die vom übrigen Laborpersonal erbracht werden, finden sich in Tabelle 3-2. Diese Zeiten gehen nicht in die Berechnung des Bedarfs von medizinisch-technischem Personal ein.

3.3.3 Verteilzeiten

Verteilzeiten sind umzulegende, nichteffektive Personalzeiten, die auch bei ergonomischer Gestaltung des Arbeitsplatzes und der Arbeitsabläufe anfallen. Sie bestehen aus sachlichen und persönlichen Verteilzeiten.

Tabelle 3-2. Beispiele für nicht-analytische Tätigkeiten des nicht-technischen Personals. Bezogen auf die Analyse bedeuten sie indirekte Personalzeiten

Personalart	Arbeitsplatz	Tätigkeit
Akademisches Personal	Leitstelle	Labormangagement Medizinische Beurteilung Zentrale Qualitätssicherung Befundauskunft und -interpretation
EDV-Personal	EDV-Raum	Operating
Büro-Personal	Sekretariat	Korrespondenz Bestellwesen Buchhaltung
Reinigungs-Personal	Spüle	Reinigung von Glasgeräten Raumpflege

3.3.3.1 Sachliche Verteilzeiten

Sachliche Verteilzeiten sind unvermeidbare Wartezeiten, die nicht durch andere Arbeiten ausgefüllt werden können, wie z.B. Wartezeiten, die sich durch unvorhersehbaren Geräteausfall oder andere Zwischenfälle ergeben, oder Wartezeiten, die durch die natürlichen Grenzen, denen "verschachteltes" Arbeiten unterliegt, bedingt sind. Auch Zeiten, die für Rückfragen erforderlich sind, werden hier eingeordnet.

3.3.3.2 Persönliche Verteilzeiten

Persönliche Verteilzeiten sind Zeiten, die der unaufschiebbaren Erledigung dringender persönlicher Bedürfnisse dienen und Zeiten, die die natürliche, im Verlauf eines Arbeitstages auftretende Ermüdung berücksichtigen, sowie gesetzliche Pausen, die innerhalb der tariflichen Arbeitszeit liegen.

3.4 Arbeitszeiten

Die tarifliche Arbeitszeit (z.B. 38,5 Wochenstunden) bildet die Grundlage für die Ermittlung des Personalbedarfs des Laboratoriums. Sie läßt sich in Anwesenheitszeiten, z.B. Jahresarbeitsminuten (Osburg 1987) und in Fehlzeiten unterteilen.

3.4.1 Anwesenheitszeit

Die Anwesenheitszeit eines Mitarbeiters besteht aus der effektiven Arbeitszeit und der Verteilzeit.

3.4.1.1 Effektive Arbeitszeit
Die effektive Arbeitszeit ergibt sich aus der Summe aller direkten und indirekten Personalzeiten (s. 3.3.1 und 3.3.2), die von einem Mitarbeiter an einem oder mehreren Arbeitsplätzen erbracht werden.

3.4.1.2 Verteilzeit
Die arbeitszeitbezogene Verteilzeit entspricht der Summe der personalzeitbezogenen Verteilzeiten des Mitarbeiters (s. 3.3.3).

3.4.2 Fehlzeiten

Fehlzeiten umfassen alle Zeiten, die der Mitarbeiter während der tariflichen Arbeitszeit seiner Arbeitsstätte fernbleibt. Fehlzeiten im medizinischen Laboratorium liegen erfahrungsgemäß zwischen 15 und 20 Prozent der tariflichen Arbeitszeit.

3.4.2.1 Persönliche Fehlzeiten
Persönliche Fehlzeiten bezeichnen die Abwesenheit des Personals aus persönlichen Gründen wie Erholungs- und Fortbildungsurlaub, Krankheit, Umzug etc.

3.4.2.2 Ausgleichzeiten
Ausgleichzeiten sind arbeitsfreie Zeiten, die wegen Dienst und ungünstiger Zeit zusätzlich gewährt werden (z.B. Zeitausgleich für Nacht-, Sonn- und Feiertagsdienste) und nicht entsprechend vergütet werden.

4 Ermittlung von direkten Personalzeiten

S. Fang-Kircher, G. Fischer, P. M. Bayer

4.1 Einführung

Wie bereits in der Einleitung ausgeführt, besteht eine lineare Beziehung zwischen der Serienlänge und der *direkten Personalzeit*. Trägt man auf der X-Achse eines Koordinatensystems die Anzahl der durchgeführten Analysen/Untersuchungen und auf der Y-Achse die gemessene direkte Personalzeit auf, so ergibt sich in Annäherung eine Gerade mit der Steigung t_v, welche die Y-Achse in Höhe t_f schneidet (s. Abb. 1-1). Der Zusammenhang zwischen direkter Personalzeit und der Serienlänge der Analysen/Untersuchungen läßt sich demnach durch die Gleichung:

$$t_p = t_f + t_v \cdot n$$

beschreiben, wobei t_p die direkte Personalzeit, t_f die Summe der fixen Zeiten pro Serie, t_v die Summe der variablen Zeiten pro Analyse/Untersuchung und n die Anzahl der durchgeführten Analysen/Untersuchungen ist.

Die gleiche Annahme einer linearen Abhängigkeit von n gilt auch für die *Analysen-/Untersuchungszeit* und für die *Gerätezeit*. Auf die graphische Darstellung, die Berechnung und die Bedeutung dieser Zeiten wird in Kapitel 7 näher eingegangen.

Direkte Personalzeiten (t_p) werden in von der Analysen-/Untersuchungsanzahl unabhängige fixe und von dieser abhängige variable Zeiten unterteilt. Die fixe Personalzeit (t_f) besteht im wesentlichen aus Zeiten für das Ansetzen von Reagenzien und für das Vorbereiten der "Erhebungseinheit" (siehe unten) und der Meßgeräte. Die durch t_v charakterisierte variable Personalzeit umfaßt im wesentlichen die Zeiten für die Kalibration, die Durchführung der Analysen/Untersuchungen und die Berechnung der Ergebnisse.

Für die *Zeitermittlung* werden von der Arbeitsgruppe ein einheitliches Dokumentationsverfahren und zwei Erhebungsmethoden vorgeschlagen.

Das *Dokumentationsverfahren* beginnt mit der Beschreibung von sogenannten Erhebungseinheiten. Als Erhebungseinheit wird jener funktionelle Teil des Arbeitsplatzes verstanden, der eine eindeutige Zuordnung der Zählobjekte (s. Kapitel 2) erlaubt. Die Erhebungseinheit kann mit einem definierten Arbeitsplatz identisch sein (z.B. großes Analysengerät), sie kann jedoch bei unklarer Abgrenzung der Zählobjekte eine Unterteilung eines Arbeitsplatzes in kleinere Einheiten notwendig machen (z.B. Harnlabor: Zentrifugation, Sediment/Mikroskop, Harnanalyse/Teststreifen/ Gerät). Für die Erhebung der direkten Personalzeit sind daran anschließend die einzelnen Arbeitsschritte/Teilzeiten zu definieren und zu protokollieren.

Die Arbeitsgruppe empfiehlt, daß in Zukunft bei Multicenter Evaluationen von Geräten/Methoden die direkte Personalzeit als consensus value ermittelt und veröffentlicht werden soll, so daß ein Labor auf diese Daten zurückgreifen kann. Die Arbeitsgruppe wird diese Daten sammeln und regelmäßig in aktualisierter Zusammenstellung publizieren. Die bisher erhobenen vorläufigen und nicht vollständige Angaben über direkte Personalzeiten finden sich im Anhang (Tabelle 8.1 und 8.2), mit Angaben über die Bedingungen, unter denen die Zeiterfassung bei den verschiedenen Analysen-/Untersuchnungsverfahren erfolgte, um eine Vergleichbarkeit zu ermöglichen.

Bei einer neuen Zeitevaluation eines Analysenverfahrens sollte der Routinebetrieb wie üblich stattfinden, indem sämtliche Patientenproben eines Arbeitstages untersucht und die dazu benötigten Zeiten gemessen werden. Wenn notwendig, können vereinzelte Serien oder einzelne Arbeitsabläufe möglichst praxisnahe simuliert werden, indem z.B. Proben vom Vortag zur Untersuchung verwendet werden und damit Zeiten erhoben werden. Es ist auch möglich, die Zeiten einzelner Arbeitsschritte mit Hilfe von Zeitbausteinen zu ermitteln und für die Berechnung heranzuziehen (siehe unten).

Zur *Ermittlung der direkten Personalzeit* werden von der Arbeitsgruppe zwei Methoden vorgeschlagen:

Methode I:

Die Teilzeiten der einzelnen, genau definierten Arbeitsschritte einer Analysen-/Untersuchungsserie werden gemessen und in Abhängigkeit von der Serienlänge einer Regressionsanalyse unterzogen, wodurch die fixen und die variablen Zeiten rechnerisch ermittelt werden.

Für diese Methode werden mindestens acht Meßserien benötigt, wobei diese bezüglich der benötigten Zeit und der Analysen-/Untersuchungszahl *deutlich unterschiedlich* sein müssen. Es empfiehlt sich, die erfahrungsgemäß kürzesten und längsten Serien zu erfassen, die übrigen Serienlängen sollen sich - so weit wie möglich - gleichmäßig zwischen diesen Extremlängen verteilen. Dabei könnte es sich beispielsweise um lange Serien von Montagen und kurze Serien von Samstagen handeln, die Serienlängen der übrigen Wochentage liegen zwischen diesen Extremlängen. Im Falle von größeren Streuungen der Meßergebnisse um die Ausgleichsgerade muß die Zahl ausgewerteter Serien erhöht werden, was die praktische Anwendbarkeit dieser Form der Zeitermittlung einschränkt. Zur Sicherung des Ergebnisses der Berechnung ist noch die Streuung nach y (Zeit) und der Korrelationskoeffizient zu bestimmen. Diese Methode wird als Referenzmethode vorgeschlagen.

Methode II:

Sollte es nicht möglich sein, eine Erhebung nach Methode I vorzunehmen, d.h. Analysen-/Untersuchungsserien durchzuführen und die einzelnen Teilzeiten zu erheben, so wird vorgeschlagen, die direkte Personalzeit anhand einer Arbeitsvorschrift mit Hilfe von vorgegebenen Zeitbausteinen zu ermitteln. Dieses Verfahren sollte aber nur dann durchgeführt werden, wenn ein detaillierter Arbeitsablauf nach entsprechend sorgfältigem Studium der Arbeitsvorschrift bekannt ist.

4.2 Zeiterhebung

4.2.1 Hinweise für die Ermittlung direkter Personalzeiten

Der Erhebungsvorgang zur Ermittlung der direkten Personalzeiten basiert auf der Beobachtung der unterschiedlichen Zeiten beim Ablauf von Analysen-/Untersuchungsserien mit variabler Länge. Eine Analysen-/Untersuchungsserie besteht aus einer Folge von Analysen, die mit derselben Kalibrierung auf demselben Gerät durchgeführt werden. Üblicherweise wird darunter eine Folge von Analysen im Laufe eines Tages / einer Schicht verstanden. Zu jeder Serie gehört eine weitgehend konstante fixe Zeitperiode. Eine Serie kann unterbrochen und später fortgesetzt werden. Ist jedoch eine Wiederholung der fixen Anfangsperiode notwendig, handelt es sich um eine neue Serie.

Für den eigentlichen Erhebungsvorgang wird der Arbeitsablauf vom Eintreffen der Probe an der Erhebungseinheit bis zur Bereitstellung der Ergebnisse in logische und zeitlich meßbare Arbeitsschritte zerlegt. Dabei ist darauf zu achten, daß diese Arbeitsschritte den Zeitkategorien Personalzeit und Gerätezeit eindeutig zuzuordnen sind. Eine Zuordnung zu fixen oder variablen Zeiten ist gegebenenfalls bei Methode II vorzunehmen, nicht aber bei Methode I, da diese durch die Berechnung nach der linearen Regression rechnerisch ermittelt werden.

Es sollen nur jene Teilschritte in die Erhebung einbezogen werden, welche sich unmittelbar auf die untersuchte Analysen-/Untersuchungsserie beziehen und für diese spezifisch sind. Das Bearbeiten von Proben, wie Zentrifugieren, Enteiweißen und Hämolysieren, wird dem spezifischen, analytischen Teil nur dann zugeordnet, wenn es an der eigenen Erhebungseinheit erfolgt. Falls erwünscht, können für diese Tätigkeiten auch die Zeiten von komplexen Zeitbausteinen aus Tabelle 8.3 herangezogen werden.

Wird diese Tätigkeit an anderer Stelle ausgeführt, so ist sie einer anderen Erhebungseinheit zuzuordnen. So wird z.B. das Kapillarblut für die Glukosebestimmung an manchen Stellen bereits unmittelbar nach der Probenentnahme in vordosierte Enteiweißungs- oder Hämolysierlösung eingebracht.

Der Arbeitsablauf eines analytischen Prozesses wird also an der Erhebungseinheit in einzelne Teilschritte zerlegt, deren Zeiten bei Methode I exakt mit der Stoppuhr durch Selbst-, oder Fremdmessung ermittelt und in tabellarischer Form dokumentiert werden. Die Zeiterhebung erfolgt, je nach Länge der einzelnen Teilzeiten, in Sekunden oder Minuten.

Gelingt die Zuordnung von Teilzeiten zu den Zeitkategorien Personalzeit oder Gerätezeit nicht eindeutig, so sind weitere logische Unterteilungen der Arbeitsschritte erforderlich, bis eine klare Zuordnung möglich ist. Dabei ist zu beachten, daß deren Beginn und Ende weiterhin genau zu definieren sind.

Die bei der Methode I mittels Regressionsanalyse ermittelten Zeiten sind fixe und variable Personalzeiten.

Mit der fixen Personalzeit werden im wesentlichen alle Tätigkeiten erfaßt, die unabhängig von der Serienlänge an einer Erhebungseinheit anfallen. Die variablen Zeiten können sich zusammensetzen aus einem spezifischen, rein analytischen Teil und aus unspezifischen variablen Zeiten, die an der Erhebungseinheit anfallen.

Die für ein Analysen-/Untersuchnungsverfahren spezifische variable Zeit beginnt im Anschluß an die Arbeitsplatzvorbereitung mit der Kalibration und der Prozessierung der ersten Probe. Sie endet mit der Übertragung des letzten Ergebnisses, entweder manuell in eine Arbeitsplatzliste bzw. in einen Befundbogen oder on-line in eine EDV-Anlage. Die Bereitstellung des letzten Ergebnisses einer Serie kann auch in dem Ergebnisausdruck eines Analysengerätes bestehen.

Die Ermittlung von fixen und variablen Zeiten macht mitunter, wie z.B. bei Methode II, eine Zuordnung der einzelnen Teilschritte zu "fix" und "variabel" notwendig.

Zu den fixen Zeiten zählen u.a. :
- kurzes Rekapitulieren von Arbeitsvorschriften
- Geräte einschalten und vorbereiten
- Reagenzien/Lösungen ansetzen
- Geräte abschalten
- Erhebungseinheit aufräumen
- Reinigungsarbeiten
- tägliche Wartungsarbeiten
  (-wöchentliche/monatliche Wartungs- oder Kalibrationsarbeiten, gemittelt, siehe später)

Zu den spezifischen variablen Zeiten an der Erhebungseinheit zählen u.a.:
- Erstellen einer Arbeitsplatzliste (siehe auch Zeitbausteine, Z I)
- Sortieren von Proben
- Pipettieren
- kurzes (Nach-)Zentrifugieren an der Erhebungseinheit *)
- kurze Inkubationszeiten *)
- Mischen der Proben
- Messen
- Berechnen der Ergebnisse

*) Eine Grenze von 2 Minuten kann als Anhaltswert dienen.

Längere Inkubations- oder Zentrifugationszeiten sind besser den fixen Zeiten einer Serie zuzuordnen oder bei den Personalzeiten an dieser Erhebungseinheit dann nicht mehr zu berücksichtigen, wenn während dieser Zeit andere Tätigkeiten ausgeübt werden können, die nicht dieser Erhebungseinheit zugeordnet werden (siehe unten).

Daneben gibt es unspezifische variable Zeiten, die an der Erhebungseinheit anfallen können. Dazu zählen:
- Vorsortieren und Etikettieren von Probengefäßen
- die off-line-Eingabe von Ergebnissen aus einer Arbeitsplatzliste in eine EDV einschließlich der Beurteilung der Qualitätskontrolle
- die Freigabe von on-line übertragenen Ergebnissen einschließlich der Beurteilung der Qualitätskontrolle
- die manuelle Übertragung in eine Arbeitsplatzliste *)

*) Anmerkung: werden Ergebnisse nicht ausgedruckt, wie z.B. bei manuellen Verfahren, dann ist die Zeit für die Ergebnisprotokollierung als spezifische, variable Personalzeit zu erfassen.

Solche arbeitsplatzunspezifischen variablen Zeiten können durch Messung, aber auch durch den Einsatz komplexer Zeitbausteine (siehe unten) ermittelt werden.

Werden Tätigkeiten im Rahmen des analytischen Prozesses durchgeführt, die in keinem direkten Zusammenhang mit dem gewählten Zählobjekt stehen, bzw. die bei der Bearbeitung der Analysen/Untersuchungen nicht regelmäßig pro Serie anfallen, wie z.B. das gelegentliche Ansetzen von Reagenzien oder die nicht pro Serie anfallende Wartung von Geräten, so sind diese Zeiten über alle im Beobachtungszeitraum erhobenen Serien zu mitteln und der fixen direkten Personalzeit hinzuzuzählen (Abbildung 4-4).

Die Zeitermittlung zur Erhebung der Personal-/Gerätezeit erfordert eine
- positive Motivierung des Personals zur sorgfältigen Mitarbeit
- Vertrautheit mit den Geräten auf der Erhebungseinheit und den durchzuführenden Analysen-/Unersuchungsverfahren. Ist dies nicht möglich, so soll vor der Zeitmessung eine Gewöhnungsphase stattfinden, um den tatsächlichen Routinebetrieb zu erheben.
- kontinuierliche Arbeitsweise, die es erlaubt, die Analysen-/Untersuchungsserien ohne größere Unterbrechungen zu beenden, wobei die Routinesituation so weit als möglich erhalten bleiben soll.

4.2.2 Dokumentation

Neben diesen Kriterien für eine erfolgreiche Ermittlung der direkten Personalzeit ist die genaue Beschreibung der Erhebungseinheit und des Erhebungsvorganges, insbesondere der verwendeten zusätzlichen Hilfsmittel, wie Pipettierautomaten usw. erforderlich, um eine Reproduzierbarkeit und Vergleichbarkeit des Erhebungsergebnisses zu ermöglichen.

Es wird daher die Verwendung des von der Arbeitsgruppe ausgearbeiteten Bogens "Dokumentationsblatt für die Erhebung direkter Personalzeiten" (Abb. 4-1) vorgeschlagen.

Einzutragen sind:
- Laboratorium bzw. Institut, in dem die Erhebung durchgeführt wurde, mit Namen der verantwortlichen Person(en)
- Datum
- Beschreibung der Erhebungseinheit
- Meßgröße(n)
- Methode (Prinzip des Verfahrens, verwendete Testpackung mit Bestellnummer)
- Gerät, falls eines eingesetzt wurde
- verwendete Hilfsmittel
- Auffälligkeiten und Besonderheiten
- Angabe, ob die Erhebung unter Routinebedingungen oder während eines Simulationslaufes erfolgte

Dokumentationsblatt für die Erhebung direkter Personalzeiten

<table>
<tr><td>

Laboratorium/Institut:

ausgefüllt von:

am:

</td></tr>
<tr><td>

Beschreibung der Erhebungseinheit:

Meßgröße(n):

Methode (Verfahren):

verwendete Testpackung:

Gerät:

verwendete Hilfsmittel:

Besonderheiten:

Routine/Simulationslauf:

</td></tr>
</table>

Abbildung 4-1. Dokumentationsblatt für die Erhebung direkter Personalzeiten

4.2.3 Protokollierung

Das Aufzeichnen der einzelnen Arbeitsschritte und der dazugehörigen Teilzeiten wird in Tabellenform im "Protokollbogen für die Erhebung direkter Personalzeiten" (Abb. 4-2) vorgeschlagen.

Protokollbogen für die Erhebung direkter Personalzeiten

Meßgröße :			Methode:			Gerät:					
Reagenz:			Routinelauf ( )			Simulationslauf ( )					
gemessene Zeit in min ( ) sek ( )											
		Seriennummer/Datum									
		Anzahl der Analysen									
P	G	Arbeitsschritt									
		→ Summe Personalzeit (P)									
		→ Summe Gerätezeit (G)									

Abbildung 4-2. Protokollbogen für die Erhebung direkter Personalzeiten

Eine Erhebung sollte mindestens eine Zerlegung in folgende Arbeitsschritte/Teilzeiten enthalten, welche in die Zeilen des Protokollbogens eingetragen werden sollen:

- Die Vorbereitung der Erhebungseinheit einschließlich der Meßgeräte/Probengefäße
- Die Vorbereitung der Reagenzien
- Die eigentliche Analyse (Pipettieren, Messen) bis zur Bereitstellung des Ergebnisses (Eintragen in eine Arbeitsliste, wenn erforderlich)
- Abschlußroutine

Für jeden dieser Arbeitsschritte ist die eindeutige Zuordnung zur Personal-/Gerätezeit Voraussetzung. So kann das Vorbereiten des Analysengerätes mit dem Einschalten des Gerätes und einer kurzen Vorbereitung mit Hilfe von Personal beginnen, der daran anschließende "warm-up"-Lauf und der interne Gerätecheck/Kalibration sind jedoch eventuell ohne Personalanwesenheit möglich. Es müssen in diesem Fall daher zwei Arbeitsschritte gewählt werden, wie "Einschalten des Gerätes und Vorbereitung" (G und P), sodann "warm-up, check, Kalibration" (nur G). Häufig wird auch beim Meßvorgang nur zu Beginn der Meßanforderung und der Messung Personal anwesend sein (G und P), der übrige Teil der Messung erfolgt ohne an das Gerät gebundenes Personal (nur G). Das Einschalten und Ausschalten des verwendeten Analysengerätes sind zu dokumentieren, auch wenn die erhobene Gesamtgerätezeit keinen direkten Einfluß auf die Personalzeit hat. Die dadurch erhebbare Gerätezeit ist jedoch für Entscheidungen, wie Personalbindung, Kapazitätserweiterung, Auslastung, Länge der Schichtzeit/Arbeitszeit von Bedeutung (s. Kapitel 7).

Pro gemessener Serie ist eine Spalte zum Eintragen der gestoppten Teilzeiten vorgesehen. Des weiteren müssen noch die Anzahl aller Analysen/Untersuchungen pro Serie (beantragte Untersuchungen, sowie eventuelle Zusatzuntersuchungen, s.Kap.2) eingetragen werden. In den Spalten G/P ist die Zuordnung zur Geräte-/Personalzeit durch entsprechendes Ankreuzen vorzunehmen.

Um realistische Werte für die fixe und variable Personalzeit zu erhalten, ist bei jenen Arbeitsschritten, die keine unmittelbare Personaltätigkeit erfordern, wie z.B. bei Inkubationen und Zentrifugationen, zu überlegen, wie diese Zeiten zu behandeln sind.

Es kommen mehrere Möglichkeiten in Betracht:
- das Personal kann in dieser Zeit (z.B. mehrere Minuten) eine nicht zu der erhobenen Analysenserie gehörige Tätigkeit ausführen. Diese Zeit wird dann nicht an dieser Erhebungseinheit berücksichtigt und geht dort nicht in die Berechnung ein, wohl aber an der anderen Erhebungseinheit, an der in der Zwischenzeit eine Tätigkeit ausgeführt wird.
- die Zeit (z.B. bis zu 2 Min.) ist für andere Tätigkeiten zu kurz und muß daher doch dem analytischen Prozeß als direkte Personalzeit zugerechnet werden.
- sind im Rahmen einer Analyse/Untersuchung längere Inkubationszeiten enthalten, für welche weder Personalaufwand noch das Bereithalten von Geräten erforderlich sind, kann dies dazu führen, daß ein solcher Teilschritt weder der direkten Personalzeit noch der Gerätezeit zuzuordnen ist. Es werden diese Zeiten als "sonstige Zeiten" (Standzeiten s.Kap.3) geführt. Ihre Erhebung ist für die Ermittlung der direkten Personalzeit nicht unmittelbar von Bedeutung, wohl aber für den Zeitablauf der gesamten Analyse/Untersuchung und der daraus zu ermittelnden Analysenzeit (Kap.7).

Beispiele für Protokollbögen finden sich in den Abbildungen 4-3a-h.
Bei den darin angegebenen Zeiten handelt es sich um Einzelerhebungen, deren Auswertung nicht mit den in Anhang 8.1 und 8.2 für t_f und t_v angegebenen Mittelwerten mehrerer Untersucher übereinstimmen muß.

Protokollbogen für die Erhebung direkter Personalzeiten

Meßgröße: TPZ, PTT, TZ Methode: Kugelkoagulometrie Gerät: KC 40										
Reagenz: Thromborel S, Pathrombin, TZ Routinelauf (x) Simulationslauf ( )										
gemessene Zeit in min (x) sek ( )										
	Seriennummer/Datum	1.	2.	3.	4.	5.	6.	7.	8.	
	Anzahl der Analysen									
P	G	Arbeitsschritt								
x	x	Inbetriebnahme des Gerätes								
x	x	Reagenzienverbrauch kalkulieren								
x	x	Reagenzien ansetzen								
x	x	Kalibrator u. Kontrollen ansetzen								
x	x	Reagenzien in das Gerät setzen								
x	x	Rack-Bestückung								
	x	*) Gerät starten - messen								
x	x	Kontrollen nachsehen + eintragen								
x	x	Rack-Wechsel								
x	x	Reagenz nachfüllen								
x	x	Kontrolle der Ergebnisausdrucke								
x	x	Gerät entladen								
x	x	Gerät ausschalten								
x		Reinigung								
x		Arbeitsplatz aufräumen								
		→ Summe Personalzeit								
		→ Summe Gerätezeit								

Abbildung 4-3a: Beispiel für die Zerlegung des Arbeitsablaufs in Arbeitsschritte und ihre Dokumentation im Protokollbogen: Vor der Erhebung werden die einzelnen Arbeitsschritte überlegt und ihre Zuordnung zur Personalzeit und Gerätezeit getroffen. Beim Arbeitsschritt *)"Gerät starten - messen" wird es von der Organisation des Arbeitsplatzes abhängig sein, ob während dieser Zeit das Personal an der Erhebungseinheit anwesend ist oder nicht. Die Gesamtzahl der Analysen/Untersuchungen entspricht den tatsächlich durchgeführten Untersuchungen.

Protokollbogen für die Erhebung direkter Personalzeiten

Meßgröße: Klin. Chemie				Methode: Fotometrie			Gerät:Hitachi 717		
Reagenz: B M				Routinelauf (x)			ohne Elektrolyte Simulationslauf ( )		
gemessene Zeit in min (x) sek ( )									

		Seriennummer/Datum	1	2.	3.	4.	5.	6.	7.	8.
		Anzahl der Analysen	246	583	720	1385	1440	1970	2916	4053
P	G	Arbeitsschritt								
x		Proben in den Probenteller	14	24	34	50	64	110	135	170
x		Reag. vorbereiten, Kalibrator herstellen	17	17	17	17	17	17	17	17
x	x	stand-by, Kalibration, waschen	13	13	13	13	13	13	13	13
	x	Gerätenachlauf, waschen	35	35	35	35	35	35	35	35
x	x	Meßgrößenanford.,Name, Station	3	7	10	19	24	30	62	62
	x	Meßvorgang	33	71	87	137	193	199	305	378
x	x	Tellerwechsel	0	0	0	2	2	4	6	8
	x	Gerät geht in stand-by Position	1	1	1	1	1	1	1	1
	x	Durchführung der Waschprogramme	17	17	17	17	17	17	17	17
x		Abschlußroutinen	8	8	8	8	8	8	8	8
		→ Summe Personalzeit	55	69	82	114	128	182	241	278
		→ Summe Gerätezeit	102	134	163	224	285	299	429	505

Abbildung 4-3b: Beispiel für ein Protokoll zur Erhebung der direkten Personalzeiten am Analysensystem Hitachi 717 (Klinische Chemie):Die gemessenen Zeiten in Minuten werden in die Zeilen der zu den Serien gehörenden Spalten eingetragen. Die Minuten werden dabei entsprechend gerundet, Werte unter einer halben Minute werden nicht berücksichtigt. Dadurch können bei kurzen Serien Teilzeiten mit "0" erhalten werden, die jedoch bei größeren Serienlängen mehrere Minuten betragen. Ein für kurze Serien daher scheinbar unwesentlicher Teilschritt muß vor der Erhebung und bei der Erstellung des Protokolls berücksichtigt werden. Weiters ist aus dem Protokoll ersichtlich, daß gerätespezifische Arbeitsschritte, wie Kalibration, Waschprogramme, stand-by-Positionen etc. Zeiten mit konstanter Länge ("fixe Zeiten") sein können.

Protokollbogen für die Erhebung direkter Personalzeiten

Meßgröße: Klinische Chemie		Methode:			Gerät: Ektachem E 250 Kodak				
Reagenz:			Routinelauf (x)				Simulationslauf ( )		
gemessene Zeit in min (x) sek ( )									

		Seriennummer/Datum	1.	2.	3.	4.	5.	6.	7.	8.
		Anzahl der Analysen	44	69	105	158	199	231	291	340
P	G	Arbeitsschritt								
x	x	Anfordern und Bestücken (a)	3	5	8	7	9	13	17	15
	x	Start, bis zum 1. Ergebnis (b)	7	7	7	7	7	7	7	7
	x	Ende d. Probenpipettierung(c)	4	11	24	44	48	60	77	99
	x	letzter Ausdruck (d)	5	7	6	6	6	6	6	6
x	x	tägliche Wartung (e)	5	5	5	5	5	5	5	5
		→ Summe Personalzeit	8	10	13	12	14	18	22	20
		→ Summe Gerätezeit	24	35	50	69	75	91	112	132
		Seriennummer/Datum	9.	10.						
		Anzahl der Analysen	137	266						
		a)	5	10						
		b)	7	7						
		c)	32	74						
		d)	6	6						
		e)	5	5						
		→ Summe Personalzeit	10	15						
		→ Summe Gerätezeit	55	102						

Abbildung 4-3c: Beispiel für ein Protokoll zur Erhebung der direkten Personalzeiten am Analysensystem Kodak E 250 (Klinische Chemie): Bei dieser Erhebung wurden mehr als 8 Serien mit deutlich unterschiedlicher Serienlänge gemessen. Es handelt sich dabei um ein Gerät mit sehr niedriger Personalbindung. Nach Berechnung der direkten Personalzeiten mittels einfacher linearer Regression ergeben sich fixe Personalzeiten von 5,00 Minuten, sowie variable Personalzeiten von 0,05 Minuten. Die fixen Personalzeiten entstehen vor allem durch die tägliche Wartung, die variablen Personalzeiten durch den Teilschritt "Anfordern und Bestücken", dessen Zeitbedarf von der Anzahl der geforderten Untersuchungen abhängig ist.

Protokollbogen für die Erhebung direkter Personalzeiten

Meßgröße: Serumeiweiß-Elektrophorese		Methode: Elektrophorese			Gerät: Olympus HITE System 200				
Reagenz:		Routinelauf (x)			Simulationslauf ( )				
gemessene Zeit in min (x) sek ( )									

P	G	Seriennummer/Datum	1.	2.	3.	4.	5.	6.	7.	8.
		Anzahl der Analysen	10	20	30	40	50	60	70	80
P	G	Arbeitsschritt								
x		Vorbereitung	3	3	3	3	3	3	3	3
x	x	Gerät einschalten	2	2	2	2	2	2	2	2
x		Pipettieren	1	2	4	5	6	8	9	10
x	x	Folie schneiden, Aufbringen Unterl.	1	1	1	1	1	1	1	1
x	x	Beginn-Trennung, Eingabe Nr. + Protein	1	2	3	4	5	6	7	8
	x	Trennung bis zur Ausgabe der letzten Folie	70	94	118	142	166	190	214	238
x		Aufheften Folie	1	3	5	7	8	9	11	13
x		Entsorgung	3	3	3	3	3	3	3	3
		→ Summe Personalzeit	12	16	21	25	28	32	36	40
		→ Summe Gerätezeit	74	99	124	149	174	199	224	249

Abbildung 4-3d: Beispiel für ein Protokoll zur Erhebung der direkten Personalzeiten am Analysensystem Olympus HITE 200 (Mikrozonenelektrophorese): Die Erhebung von fixen und variablen Personalzeiten ist nicht auf Großanalysatoren beschränkt und kann bei den verschiedensten Arbeitsplätzen angewandt werden. Die regelmäßig ansteigende Zahl der durchgeführten Untersuchungen ergibt sich aus der Anzahl der Positionen pro Elektrophoresefolie. Nach Berechnung mittels einfacher linearer Regression erhält man fixe Personalzeiten von 8,46 Minuten, variable Personalzeiten von 0,40 Minuten. Die lange elektrophoretische Trennungsdauer erfordert hingegen fixe Gerätezeiten von 49,00 Minuten, variable Zeiten von 2,50 Minuten. Eine geplante Steigerung der personellen Auslastung dieser Erhebungszeit wäre in diesem Fall durch die lange Gerätezeit limitiert.

Protokollbogen für die Erhebung direkter Personalzeiten

Meßgröße: PT, aPTT, Fibrinogen im Profil Methode:	Gerät: Fibrintimer A
ohne Qualitätskontrolle	(Behring)
Reagenz: Routinelauf (x)	Simulationslauf ( )
gemessene Zeit in min (x) sek ( )	

		Seriennummer/Datum	1.	2.	3.	4.	5.	6.	7.	8.
		Anzahl der Analysen	7	14	20	33	45	48	17	28
P	G	Arbeitsschritt								
x	x	Start up	13	13	13	13	13	13	13	13
x		Vorbereitung Testlauf	1	2	2	4	6	7	2	3
	x	Testlauf Messung	17	28	45	76	107	118	37	67
x		Nachfüllzeit	0	0	0	1	3	4	0	1
	x	Ergebnisausdruck	1	2	3	6	8	9	3	5
x	x	Shut down	3	3	3	3	3	3	3	3
		→ Summe Personalzeit	17	18	18	21	25	27	18	20
		→ Summe Gerätezeit	34	46	64	98	131	143	56	88

Abbildung 4-3e: Beispiel für ein Protokoll zur Erhebung der direkten Personalzeiten am Behring Fibrintimer A (Odpadlik und Bayer, 1993): Die Erhebung am Fibrintimer A wurde bei Anforderung von Gerinnungsparametern als Profil gemacht. Dies erlaubt die Berechnung nach der einfachen linearen Regression, wodurch fixe Personalzeiten von 14,13 Minuten und variable Personalzeiten von 0,24 Minuten für das Profil erhalten wurden. Die Berechnung der Einzelparameter ergibt fixe Personalzeiten von 12,09 Minuten, der variablen Personalzeiten von 0,16 Minuten

Protokollbogen für die Erhebung direkter Personalzeiten

Meßgröße: Haematologie		Methode:			Gerät: Technicon H2			
Reagenz:		Routinelauf (x)			Simulationslauf ( )			
gemessene Zeit in min (x) sek ( )								

		Seriennummer/Datum	1.	2.	3.	4.	5.	6.	7.	8.
		Anzahl der Analysen	7	21	33	53	78	123	117	158
P	G	Arbeitsschritt								
	x	Einschalten	2	2	2	2	2	2	2	2
x		Start up, Daten eingeben	1	1	1	1	1	1	1	1
x	x	NaCl, 2 Kontrollblute	4	4	4	4	4	4	4	4
x		Startadresse eingeben	1	1	1	1	1	1	1	1
x		Probenbestückung	1	1	2	2	2	3	3	4
	x	Analysieren	11	16	22	34	48	80	74	99
	x	Probe wash	1	1	1	1	1	1	1	1
	x	System wash	7	7	7	7	7	7	7	7
		→ Summe Personalzeit	7	7	8	8	8	9	9	10
		→ Summe Gerätezeit	25	30	36	48	62	94	88	113

Abbildung 4-3f: Beispiel für ein Protokoll zur Erhebung der direkten Personalzeiten am analysensystem Technicon H2 (Hämatologie): Bei der Erhebung am Technicon H2 erhält man nach Berechnung mittels einfacher linearer Regression fixe Personalzeiten von 6,90 Minuten und variable Personalzeiten von 0,02 Minuten. Eine eventuell notwendige manuelle Nachdifferenzierung wurde dabei nicht berücksichtigt, sondern an einer anderen Erhebungseinheit erfaßt.

Protokollbogen für die Erhebung direkter Personalzeiten

Meßgröße: TPZ, PTT, TZ, Fibrinogen Methode: STA/off-line								Gerät: STA-Gerinnungsanalyser		
Reagenz:		Routinelauf (x)					Simulationslauf ( )			
gemessene Zeit in min (x) sek ( )										

		Seriennummer/Datum	1.	2.	3.	4.	5.	6.	7.	8.	9.
		Anzahl der Analysen	7	13	21	31	56	79	111	152	348
P	G	Arbeitsschritt									
x		Kontrollen/Reagenzien lösen	8	8	8	8	8	8	8	8	8
	x	Start up	7	7	7	7	7	7	7	7	7
x	x	Reagenzien laden	3	3	3	3	3	3	3	3	3
		*) Druck Arbeitsliste	1	2	3	3	3	3	3	3	3
x	x	Proben ID und Testselektion	1	1	1	2	2	2	2	2	2
	x	reine Gerätelaufzeit	6	8	9	10	17	19	18	34	78
x	x	Gerätelauf und Personalbindung	0	1	2	5	10	13	20	33	55
x		Proben entfernen	0	0	1	1	1	2	3	3	3
x		Ergebnisse in EDV eingeben	0	0	1	2	3	4	7	9	21
x	x	Nachladen Reag.,Küvetten anteil.	0	0	1	1	2	3	3	5	11
		Anzahl der Patientenproben : 335									
		Anzahl der Einzelanalysen: 818									
		TPZ (Quick) :352 (=43,0%)									
		PTT : 308 (=37,7%)									
		TZ :100 (=12,2%)									
		Fibrinogen : 58 (= 7,1%)									

Abbildung 4-3g: Beispiel für ein Protokoll zur Erhebung der direkten Personalzeiten am Gerinnungsanalyser Boehringer STA (Stolba und Aspöck, 1995): Bei dieser Erhebung wurden 4 Gerinnungsparameter nicht im Profil, sondern mit durchschnittlich 2,44 Analysen pro Patient angefordert. Es wurden dabei die notwendigen Personalzeiten unterschiedlicher Organisation, wie on-line Eingabe und off-line Eingabe *), berücksichtigt, was sich in den unterschiedlichen Ergebnissen der Personalzeiten niederschlägt:
off-line Eingabe: fixe Personalzeiten = 13,1 , variable Zeiten=0,42
on-line Eingabe *) fixe Personalzeiten = 11,7, Minuten, variable Zeiten= 0,09 Minuten

Protokollbogen für die Erhebung direkter Personalzeiten

Meßgröße: Klin.Chemie + Elektrolyte		Methode:					Gerät: Hitachi 917		
Reagenz: BM		Routinelauf (x)					Simulationslauf ( )		
gemessene Zeit in min (x) sek ( )									

			1.	2.	3.	4.	5.	6	7.	8.	9.
		Seriennummer/ Datum	1.	2.	3.	4.	5.	6	7.	8.	9.
		Anzahl der Analysen	83	190	328	524	877	955	910	1145	1628
P	G	Arbeitsschritt									
x	x	a:Start up, Vorbereitung	4	4	4	4	4	4	4	4	4
	x	b: Start Kalibration	24	24	24	24	24	24	24	24	24
x	x	c: Anforderung Patienten	6	7	10	15	20	23	22	28	34
	x	d: Meßzeit	14	22	30	40	61	66	60	89	113
x	x	e: tägl.Wartung	6	6	6	6	6	6	6	6	6
x		f: Reagenzien herstellen	15	15	15	15	15	15	15	15	15
		→ Summe Personalzeit	83 *)	32	35	40	45	48	47	53	59
		→ Summe Gerätezeit	106 *)	63	74	89	115	123	116	151	181
		Elektrolyte	21	42	66	138	183	225	243	306	300
		übr.Parameter	62	148	262	386	694	730	667	839	1328
		Gesamtanzahl	83	190	328	524	877	955	910	1145	1628

Abbildung 4-3h: Beispiel für ein Protokoll zur Erhebung der direkten Personalzeiten am Analysensystem Hitachi 917 (Klinische Chemie): Die gleichzeitige Durchführung von Parametern der klinischen Chemie und von Elektrolyten mit unterschiedlichen Durchlaufzeiten macht die Berechung mittels mehrfacher linearer Regression notwendig. Die Kenntnis der Anzahl der Elektrolyte und der übrigen Parameter ist notwendig, will man deren Zeiten getrennt erfassen. Wird keine Unterscheidung zwischen den Parametern der klinischen Chemie und den Elektrolyten getroffen und nach der einfachen linearen Regression berechnet, erhält man fixe Personalzeiten von 29,14 Minuten, variable Personalzeiten von 0,02 Minuten. Unter Berücksichtigung der einzelnen Gruppen "klinische Chemie" und "Elektrolyte" errechnen sich nach Anwendung der mehrfachen linearen Regression fixe Personalzeiten von 28,47 Minuten.für beide Gruppen, jedoch variable Personalzeiten von 0,04 Minuten für die Elektrolyte und 0,01 Minuten für die übrigen Parameter.

4.2.4 Berechnung

Berechnung nach Methode I

Vor der eigentlichen Berechnung wird der "Berechnungsbogen zur Ermittlung der direkten Personalzeit nach Methode I" (Abbildung 4-4) an einen ausgefüllten Protokollbogen (Abbildung 4-2) angelegt. Es werden alle ermittelten Serien mit der Anzahl der Analysen/Untersuchungen (x) in Zeile 1 und 2 übertragen. Alle Teilzeiten, die der Personalzeit zugeordnet wurden, werden pro Serie addiert und in Zeile 3 eingetragen (y). In Zeile 4 und 5 werden die daraus abgeleiteten Kenngrößen x · y und x^2 pro Serie berechnet und spaltenweise eingetragen. In Zeile 6 bis 11 werden alle angegebenen Summen eingetragen. Anschließend wird t_f und t_v rechnerisch mit Hilfe der einfachen linearen Regression ermittelt (Zeile 12 und 13). Es erscheint jedoch einfacher, die Berechnung von fixen und variablen Zeiten computer-unterstützt vozunehmen.

Das Ergebnis scheint dann akzeptabel, wenn der Korrelationskoeffizient über 0,95 und die Streuung nach y (Zeit) kleiner als 10 % ist. Liegt ein Berechnungsergebnis außerhalb dieser Grenzen, so ist zuerst zu prüfen, ob bei der Zeiterhebung Zeiten aufgezeichnet wurden, die in keinem unmittelbaren Zusammenhang mit der Anzahl der durchgeführten Analysen/Untersuchungen stehen, z.B. Inkubations- und Aufwärmzeiten. Bei Mehrkanal-Analysatoren kann dieses Problem durch Meßzeitaufnahme im Batch-Modus oder durch die Berechnung mit Hilfe der mehrfachen linearen Regressionsanalyse bewältigt werden (Linder, 1951).

Wenn die Analysen-/Untersuchungszeit in Abhängigkeit von einer Probe variiert, wie bei der Bestimmung von Gerinnungszeiten (z.B. der Thromboplastinzeit) oder viskosimetrischen Untersuchungen kann dies eine Berechnung der fixen und variablen Zeiten nach dem Prinzip der mehrfachen linearen Regression notwendig machen. Die Anzahl der erhobenen Analysenserien ist dabei auf 12, besser noch auf 20 zu erhöhen.

Ein Beispiel für die Berechnung nach der mehrfachen linearen Regression findet sich unter Abbildung 4-3.

Ist die errechnete Fixzeit negativ, so weist dies auf eine Nichtlinearität der Beziehung Personalzeit/Serienlänge hin. Dies kann durch zusätzliche Abhängigkeiten bezüglich des Zählobjektes begründet sein. Das ist z.B. der Fall, wenn in der Zahl der durch ein Analysensystem erstellten Blutbilder auch jene Blutbilder enthalten sind, die am Gerät nachbearbeitet wurden. Wenn eine visuelle Nachdifferenzierung eines Blutausstriches an einem Mikroskop nötig ist, soll der Mikroskopierplatz als eine eigene Erhebungseinheit berücksichtigt werden. Liegt der Wert einer als negativ ermittelten Fixzeit noch innerhalb der Streuungsgrenzen nach y, so ist diese Zeit mit Null anzusetzen.

Um grobe Ausreißer bei der Meßzeitaufnahme erkennen zu können, ist die graphische Darstellung zur visuellen Beurteilung empfehlenswert (siehe Kapitel 7)

Nach der Berechnung der fixen und variablen Zeiten mit Hilfe der linearen Regression sind - wie bereits ausgeführt - Zeiten die nicht täglich anfallen, wie das gelegentliche Ansetzen von Reagenzien oder periodische Wartungsarbeiten am Gerät, über die erhobenen Serien zu mitteln und den fixen Zeiten hinzuzuzählen (Zeilen 14 - 18).

Ferner können noch arbeitsplatzunspezifische variable Zeiten anfallen, die mit Hilfe komplexer Zeitbausteine ermittelt werden können und welche der errechneten variablen Zeit gegebenenfalls hinzuaddiert werden müssen.

Fixe und variable Anteile der direkten Personalzeiten, welche bereits berechnet wurden, finden sich im Anhang 8.1 und 8.2. Es sind dies Erhebungen, die die verschiedenen Geräte, Methoden und Meßgrößen berücksichtigen und als Anhaltspunkt dienen können. Diese Listen sind unvollständig und müssen laufend überprüft und bearbeitet werden. Eine umfangreiche Dokumentation ist vorhanden.

Berechnung der direkten Personalzeit nach Methode I

Zeile   Übertrag aus dem Protokollbogen

1	Ermittelte Serien										
2	Analysenzahl pro Serie: x										
3	Personalzeit pro Serie: y										
4	Analysenzahl · Personalzeit pro Serie: $x \cdot y$										
5	Analysenzahl pro Serie zum Quadrat: x^2										
6	Summe aller Analysen (Zeile 2): Σx										
7	Summe aller Analysen zum Quadrat: $(\Sigma x)^2$										
8	Summe aller Personalzeiten (Zeile 3): Σy										
9	Serienanzahl (Zeile 1): m										
10	Summe aller $x \cdot y$ (Zeile 4): $\Sigma x \cdot y$										
11	Summe aller x^2 (Zeile 5): Σx^2										

Berechnung der fixen Personalzeiten

12	$$t_f = \frac{\Sigma y - t_v \cdot \Sigma x}{m}$$	
14	Periodisches Ansetzen von Reagenzien, dividiert durch die Anzahl der Serien	
15	Tägliche Wartungsarbeiten, dividiert durch die Anzahl der Serien pro Tag	
16	Wöchentliche Wartungsarbeiten, dividiert durch die Anzahl der Serien pro Woche	
17	Monatliche Wartungsarbeiten, dividiert durch die Anzahl der Serien pro Monat	
18	Summe der fixen Zeiten für eine Serie	

Berechnung der variablen Personalzeiten

13	$$t_v = \frac{\Sigma x \cdot y - \dfrac{\Sigma x \cdot \Sigma y}{m}}{\Sigma x^2 - \dfrac{(\Sigma x)^2}{m}}$$

Abbildung 4-4. Berechnungsbogen für die Ermittlung der direkten Personalzeit

Berechnung nach der Methode II

Es empfiehlt sich zunächst, für die im "Protokollbogen" (Abb.4-2) angeführten Teilschritte anhand der Arbeitsvorschrift tabellarisch ein genaues Arbeitsablaufdiagramm auf-
zustellen, das auf den im Anhang 8.3 enthaltenen Zeitbausteinen aufbaut. Die im Anhang
unter 8.3 angeführten Zeitbausteine wurden von Mitgliedern der Arbeitsgruppe erhoben.
Die Zeiten der entsprechenden Zeitbausteine werden dann in das Arbeitsablaufdiagramm
eingetragen und den im "Protokollbogen" angeführten Teilschritten zugeordnet. Einzel-
schritte, für die noch keine Zeitbausteine existieren, müssen selbst erhoben werden.
Beispiele solcher Erhebungsprotokolle finden sich in der ersten Auflage dieses Buches
Abschnitt 8.6

In einem vereinfachten Verfahren ist es möglich, nur die variablen Zeiten (t_v) aus
Zeitbausteinen zu errechnen und die fixen Zeiten (t_f) vergleichbaren Methoden aus den
Anhangstabellen 8.1 und 8.2 zu entnehmen.

Eine weitere, verbesserte Möglichkeit der Berechnung besteht darin, daß die Zeitbausteine für mindestens zwei unterschiedliche Serienlängen von Untersuchungsproben (z.B.:
n = 1, n = 5) ermittelt werden und t_v und t_f aus der Zahl der durchgeführten Analy-
se/nUntersuchungenn berechnet oder auf graphischem Wege erhalten werden.

Ein Beispiel, aus dem das Prinzip der Ermittlung der direkten Personalzeit mittels
Methode II mit Hilfe von Zeitbausteinen ersichtlich ist, findet sich in Abbildung 4-5.

Die Protokolle zur Ermittlung der Zeitbaustein-Zeiten finden sich bei Haeckel (1992).
Sie sollen gewährleisten, daß einerseits ein vergleichbares Vorgehen in allen Laboratorien
eingehalten wird und andererseits die Meßwerte jederzeit nachvollziehbar sind. Das
festgelegte Procedere wurde zum Teil mit den Herstellerfirmen der entsprechenden
Geräte abgesprochen. Es geht von einer korrekten Handhabung der Geräte aus und hat
einen gewissen Empfehlungscharakter.

Methode II eignet sich eher für die Personalbedarfsermittlung manueller Methoden, für
die Personalbedarfsplanung neu einzuführender Methoden und für Personalbedarfsstudien
im Rahmen eines Methodenvergleiches. Es muß jedoch berücksichtigt werden, daß es
sich dabei um keine Erhebung tatsächlicher Gegebenheiten und Zeiten handelt, sondern
um den Einsatz von Zeiten aus theoretischen Vorgaben. Trotzdem kann Methode II
gegebenenfalls als sinnvolle Ergänzung zu Methode I herangezogen werden, vor allem,
wenn sie zur Erhebung von Teilzeiten dient, die bei Erhebungen für Methode I nicht
mitgemessen wurden.

Ein Beispiel eines Vergleiches der Bestimmung der direkten Personalzeit mittels Methode I und Methode II findet sich im Anhang 8.5.

Analyt: Glykiertes Hämoglobin Verfahren: Affinitätschromatographie Testpackung: Merck	
Festgelegte Teilzeiten für eine durchgeführte Analyse unter Verwendung komplexer Zeitbausteine	
Arbeitsschritt	**Sekunden/ Analyse**
1. 3 x Reagenzglas numerieren	9
2. Hämolysat herstellen	34
3. Säulen vorbereiten	15
4. Pipettierungen (wäßrig) 2 ml	5
5. Pipettierungen (wäßrig) 50 μl	5
6. Pipettierungen (wäßrig) 500 μl	5
7. Pipettierungen (wäßrig) 5 ml	8
8. Pipettierungen (wäßrig) 3 ml	5
9. 2 x mischen durch Verschließen und Kippen	38
10. Messen (2 x) Endpunkt mit Vorspülen, Einzelküvette	34
11. Berechnung	18
12. Übertragen auf Befundzettel	4
13. Regenerieren der Säule	20
Summe der variablen Teilzeiten	200

Abbildung 4-5. Beispiel für eine Berechnung der direkten Personalzeiten nach Methode II

5 Ermittlung von indirekten Personalzeiten und von Verteilzeiten

H. J. Gibitz

Indirekte Personalzeiten sind Personalzeiten, die nicht die Durchführung der Untersuchung selbst, sondern andere begleitende und ergänzende Tätigkeiten betreffen (s.Kap.3).

Im Hinblick auf die Personalbedarfsermittlung im medizinischen Laboratorium müssen auch die indirekten Personalzeiten nach Personalarten getrennt erfaßt werden. Indirekte Personalzeiten des medizinisch-technischen Personals werden vorwiegend an den analytischen Arbeitsplätzen zusätzlich zu den analytischen Tätigkeiten (z.B. telefonische Befunddurchsagen) erbracht, während die indirekten Personalzeiten des übrigen Personals eher an eigenen nichtanalytischen Arbeitsplätzen (z.B. Spüle, Probenannahme, EDV-Dienst) anfallen.

Die Ermittlung von indirekten Personalzeiten kann auf deduktivem Wege durch Verteilung der an den nichtanalytischen Arbeitsplätzen angefallenen Zeiten auf die einzelnen Untersuchungen oder auf induktivem Wege durch Zuordnung von Einzelzeiten zu den einzelnen Untersuchungen bzw. durch prozentuale Zuschläge zu den direkten Personalzeiten der einzelnen Untersuchungen erfolgen.

5.1 Deduktive Methode

Die deduktive Methode zur Ermittlung von indirekten Personalzeiten kann analog dem deduktiven Prinzip der Kostenrechnung (Werner 1982, Gibitz 1983) vorgenommen werden. Indirekte Personalzeiten werden dabei als Personalzeiten betrachtet, die von "Zulieferern" verursacht werden, die im allgemeinen auch für andere Arbeitsplätze tätig sind. Sie entstehen an nichtanalytischen Arbeitsplätzen und werden den analytischen Arbeitsplätzen anteilmäßig zugeschlagen und unter Verwendung geeigneter Schlüssel auf die einzelnen Analysen verteilt.

Die Vorteile der deduktiven Methode liegen in der einfachen Art der Zeiterfassung und im Umstand, daß keine Personalzeiten verloren gehen können. Nachteile bestehen in Schwierigkeiten bei der richtigen Auswahl und Anwendung der Verteilschlüssel, sowie darin, daß sich entsprechend der unterschiedlichen Auslastung der nichtanalytischen Arbeitsplätze und der unterschiedlichen Art und Anzahl der Untersuchungen in verschiedenen Berechnungszeiträumen unterschiedlich große indirekte Personalzeiten für die einzelne Untersuchung ergeben können.

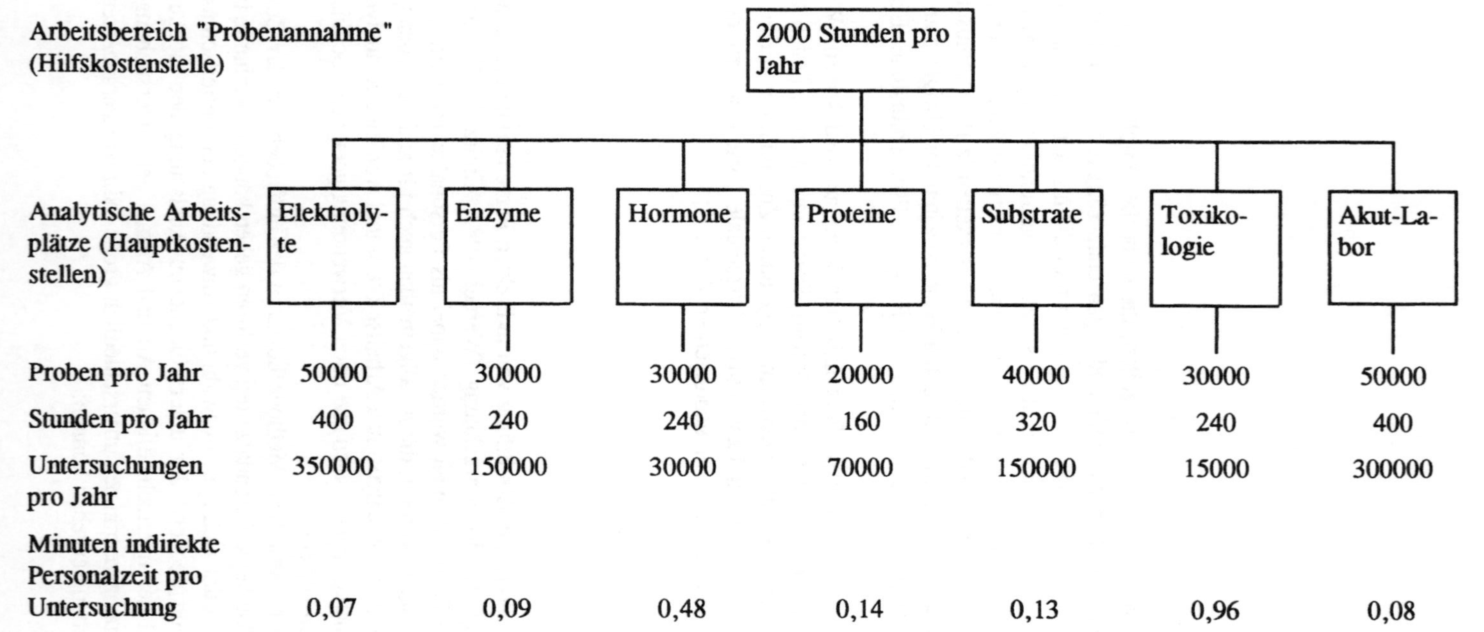

Analytische Arbeitsplätze (Hauptkostenstellen)	Elektrolyte	Enzyme	Hormone	Proteine	Substrate	Toxikologie	Akut-Labor
Proben pro Jahr	50000	30000	30000	20000	40000	30000	50000
Stunden pro Jahr	400	240	240	160	320	240	400
Untersuchungen pro Jahr	350000	150000	30000	70000	150000	15000	300000
Minuten indirekte Personalzeit pro Untersuchung	0,07	0,09	0,48	0,14	0,13	0,96	0,08

Abbildung 5-1. Beispiel für die deduktive Ermittlung indirekter Personalzeiten. Verteilung der Personalzeiten für die Probenannahme (= Hilfskostenstelle) auf die analytischen Arbeitsplätze (= Hauptkostenstelle) und auf die Zahl der dort durchgeführten Untersuchungen

5.1.1 Zeiterfassung

Die indirekten Personalzeiten können durch Selbst- oder Fremdaufschreibung analog den direkten Personalzeiten erfaßt werden. Auf die getrennte Erfassung einzelner Arbeitsschritte kann in der Regel verzichtet werden. Es genügt, die für eine bestimmte Art von Tätigkeiten (z.B. Reinigung der Glasgeräte, Annahme und Verteilung der Proben usw.) in einem bestimmten Zeitraum (Tag, Woche, Monat oder Jahr) aufgewendeten Personalzeiten im Ganzen zu erfassen.

In einem sehr vereinfachten Verfahren kann an einem Arbeitsplatz, an dem ausschließlich indirekte Zeiten anfallen, die effektive Arbeitszeit als tägliche Anwesenheitszeit abzüglich der Verteilzeit (Haeckel et al. 1984) herangezogen werden.

Werden an einem nichtanalytischen Arbeitsplatz unterschiedliche Tätigkeiten vorgenommen, so sind die Personalzeiten dieser Tätigkeiten getrennt zu erfassen und auch getrennt an die analytischen Arbeitsplätze weiterzugeben.

5.1.2 Verteilschlüssel

Für die anteilsmäßige Verteilung von indirekten Personalzeiten gibt es mehrere Möglichkeiten. Die Verteilung kann erfolgen

a) nach der Anzahl der zugeordneten analytischen Arbeitsplätze
b) nach der Zahl der durchgeführten Untersuchungen
c) nach der Zahl der Patienten bzw. Proben
d) nach der Größe der direkten analysenbezogenen Personalzeiten
e) nach der Anzahl der Mitarbeiter
f) nach der Größe (Fläche) des vorhandenen Raumes
g) oder aufgrund anderer Bezugsgrößen.

Die Auswahl des am besten geeigneten Schlüssels ist nicht immer in voll befriedigender Form möglich.

5.1.3 Anwendungsbeispiel

Ein Beispiel für die deduktive Ermittlung von indirekten Personalzeiten findet sich in Abbildung 5-1. Es wurde im Arbeitsbereich "Probenannahme" eine effektive Arbeitszeit von insgesamt 2000 Stunden pro Jahr aufgewendet.

Diese Zeit entspricht der Tätigkeit von 1,19 Personen, die im Durchschnitt 9,52 Stunden pro Arbeitstag mit diesen Tätigkeiten beschäftigt waren (Ergebnis der Zeiterfassung durch Selbstaufschreiben). Die Aufteilung auf 7 analytische Arbeitsplätze des Laboratoriums erfolgte entsprechend ihrem Anteil am Probenaufkommen (Verteilschlüssel c). Die Weitergabe der Teilzeiten erfolgte entsprechend der Anzahl der durchgeführten Untersuchungen (Verteilschlüssel b).

5.2 Induktive Methode

Bei der induktiven Methode werden - analog zum induktiven Prinzip der Kostenrechnung (Werner 1982, Gibitz 1983) - alle indirekten Personalzeiten, die eine Untersuchung betreffen, einzeln ermittelt und in Zeiteinheiten angegeben.

In einem stark vereinfachten Verfahren können Personalzeiten, die nichtanalytische Tätigkeiten betreffen, auch in Prozenten der direkten Personalzeiten einer Untersuchung, deren Ermittlung grundsätzlich nach dem induktiven Prinzip erfolgt, angegeben werden.

5.2.1 Erfassung durch Zeitmessung

Indirekte Personalzeiten können in ähnlicher Weise durch Zeitmessung erfaßt werden, wie die direkten Personalzeiten an den analytischen Arbeitsplätzen (Haeckel et al. 1986a).

Die Zeiterfassung kann mit Hilfe von aktuell gemessenen Einzelzeiten oder von laborspezifischen Zeitbausteinen, die mittels mehrmaliger Messung des gleichen Arbeitsvorganges ermittelt wurden, erfolgen. So wurde beispielsweise für den Zeitbaustein "Reinigen eines Reagenzglases" eine Personalzeit von 24 Sekunden und für den Zeitbaustein "Reinigen eines Trichters" eine Personalzeit von 36 Sekunden ermittelt.

Tabelle 5-1. Personalzeiten in der Kostenstelle "Spüle" für die Reinigung von Glasgeräten, die für die Hormonanalysen im Harn benötigt werden, einschl. Abholen der Geräte vom analytischen Arbeitsplatz und Einordnen in den Geräteschrank. Die Serien bestehen aus 1 Reagenzienwert, 1 Kontrollprobe und 2 bzw. 5 Patientenproben. n = Anzahl der Glasgefäße, min = Personalzeit für die Reinigung der Geräte

Angeforderte Untersuchungen	2		5	
	n	min	n	min
Extraktionsgefäße	8	24	14	42
Trichter	8	4,8	14	8,2
Reagenzgläser	8	3,2	14	5,6
Pipetten	14	4,2	20	6
Summe Personalzeit		36,2		61,8

Ein Berechnungsbeispiel findet sich in Tab. 5-1. Es handelt sich dabei um indirekte Zeiten, die am nichtanalytischen Arbeitsplatz "Spüle" für Reinigungsarbeiten im Zusammenhang mit der Durchführung einer Serie von zwei bzw. fünf angeforderten Untersuchungen für Hormonbestimmungen im Harn erforderlich waren und die an den analytischen Arbeitsplatz "Hormonlaboratorium" als indirekte Personalzeiten weitergegeben wurden.

5.2.2 Erfassung in Prozenten der direkten Personalzeit

In einem vereinfachten Verfahren können indirekte Personalzeiten in Prozenten der direkten Personalzeit der entsprechenden Analyse ausgedrückt werden. Die Festlegung der Prozentsätze erfolgt im allgemeinen aufgrund von Erfahrungen. Die Prozentsätze können auch für alle Untersuchungen eines Arbeitsplatzes oder für alle Arbeitsplätze des Laboratoriums einheitlich festgelegt werden.

Eine auf den Erfahrungen der Arbeitsgruppe beruhende derartige Festlegung findet sich in Tab. 5-2. Die angeführten Prozentsätze stellen Mittelwerte aus den Laboratorien der Arbeitsgruppe dar, die dort durch Zeitnahme und Aufschreibung der angeführten Tätigkeiten an 10 Tagen wie direkte Personalzeiten ermittelt wurden, und in der Summe einen Prozentsatz von 25 % der direkten Zeiten ergaben.

Tabelle 5-2. Vorschlag für indirekte Zeiten des medizinisch-technischen Personals als Zuschlag von fixen Prozentsätzen der direkten Personalzeit

Tätigkeiten	Zeitanteil (%)
1. Herstellung und Entsorgung von Reagenzien (soweit sie nicht in die Reagenzienvorbereitung am Arbeitsplatz fällt)	0,5
2. Beseitigung technischer Störungen von Analysengeräten und Wartung z.B. von arbeitsplatz-unabhängigen Druckern, Zentrifugen etc.	2,0
3. Dienstbesprechungen (z. B. Dienstplangestaltung, Urlaubseinteilung)	2,0
4. Administrative Aufgaben (z. B. Einkauf, Lagerhaltung, Strahlenschutz)	3,0
5. Qualitätssicherungsmaßnahmen (z.B. laborinterne Organisation der Ringversuche, Anlegen von Kontrollkarten, monatliche Auswertungen, Auswiegen von Pipetten)	6,0
6. Überprüfung von Methoden und Geräten, Testen neuer Verfahren, einschl. Stadium III Evaluationen (Haeckel et al. 1986b)	5,0
7. Einarbeitung im Rahmen einer Rotation der Mitarbeiter	4,0
8. Fortbildung, regelmäßige Unterrichtung aufgrund gesetzlicher Auflagen	2,5
Summe	25,0

5.3   Praktisches Vorgehen

Das praktische Vorgehen richtet sich zunächst danach, für welche Personalgruppen indirekte Personalzeiten ermittelt werden sollen. Für die Ermittlung von indirekten Personalzeiten des nicht-medizinisch-technischen Personals, das an nichtanalytischen Arbeitsplätzen tätig ist (Akademiker, Schreibkräfte, EDV-Personal, Reinigungspersonal u.a.), kommt in erster Linie die deduktive Methode in Frage (s. 5.1).

Für die Ermittlung von indirekten Personalzeiten, die vom medizinisch-technischen Personal erbracht werden, empfiehlt sich die Anwendung der induktiven Methode in Form von Zeitmessungen (s. 5.2.1) oder in Form von prozentualen Zuschlägen zu den direkten Personalzeiten (s. 5.2.2).

Berechnungsbogen 1. Ermittlung der indirekten Zeiten des medizinisch-technischen Personals in Minuten [1]

Tätigkeit	Indirekte Personalzeiten			
	pro Tag	pro Woche	pro Monat	pro Jahr
1. Probengewinnung und -transport durch das Laborpersonal [2,3]				
2. Probenannahme und -vorbereitung, die nicht am analytischen Arbeitsplatz erfolgt [2,3]				
3. Erstellung von patientenbezogenen Befundberichten [2,3]				
4. Einarbeitung von neu eingestelltem Personal [4]				
5. Schwankungen von Tag zu Tag beim Probeneingang (0 - 5 % der direkten Personalzeiten) [5]				
6. Zusätzlicher Aufwand für flexible Serviceleistungen (0 - 6 % der direkten Personalzeiten) [6]				
7. Zusätzlicher Aufwand für in die Routine integrierte Notfalluntersuchungen (0 - 8 % der direkten Personalzeiten) [7]				
8. Telefonische Befunddurchsagen und Beantwortung von Anfragen (1-5 % der direkten Personalzeiten [8]				
9. Fixer Prozensatz aus Tab. 5-2 (Summe der direkten Personalzeiten x 0,25)				
10. Summe 1 - 9				

[1-8] Anmerkungen siehe folgende Seite

Abbildung 5-2. Berechnungsbogen 1: Ermittlung der indirekten Personalzeiten des medizinisch-technischen Personals. Anmerkungen:

1) Es sind alle Zeiten zu schätzen oder zu ermitteln, die vom medizinisch-technischem Personal erbracht und nicht als direkte Personalzeiten erfaßt wurden.
2) Vorzugsweise wie direkte Zeiten an 10 Tagen ermitteln (Erfassungsbogen z.B. 4-2 und 4-3)
3) Angaben pro Tag (Woche/Monat) werden durch Multiplikation mit 250 (52/12) in Minuten pro Jahr umgerechnet und in die 4. Spalte übertragen.
4) Mittlere Fluktuation der letzten Jahre berücksichtigen (Anzahl an durchschnittlich pro Jahr neu eingestellten MTA ·20000 = min pro Jahr).
5) Ist das Verhältnis Maximal- zu Minimalaufkommen größer als 1,2 kann zusätzlich erforderliches Personal mit folgender Formel ermittelt werden:

$$20\left(\frac{n_{max}}{n_{min}} - 1,2\right) \%$$

n_{max} ist die an einem Arbeitstag in einer repräsentativen Woche maximal und n_{min} minimal anfallende Untersuchungszahl

6) Zusätzliche Aufwendungen z. B. infolge unregelmäßigen Probeneingangs, nicht angemeldeter unvorhergesehener spezieller Leistungen mehrerer Befundausgaben pro Tag. Als Zuschlag werden vorgeschlagen:
   1. bei einer festen Annahmezeit und flexibler Arbeitszeit: 0 %
   2. bei zwei festen Annahmezeiten und flexibler Arbeitszeit: 2 %
   3. bei zwei festen Annahmezeiten ohne flexible Arbeitszeit: 4 %
   4. bei drei und mehr festen Annahmezeiten und flexibler Arbeitszeit: 6 %

7) Berechnungsgrundlage: Anteil von Notfalluntersuchungen während der Routinearbeitszeit an den Gesamtanalysen:
   1. Anteil   <2%   0%
   2. Anteil   <5%   2%
   3. Anteil   5-10%   4%
   4. Anteil   10-15%   6%
   5. Anteil   >15%   8%

8) Je nach Zugriffmöglichkeit durch die Krankenabteilungen auf freigegebene Laborbefunde mittels EDV-Terminal:
   1. Zugriff rund um die Uhr: 1%
   2. Beschränkter Zugriff (z.B. von 8 - 16 Uhr): 3%
   3. Kein Zugriff: 5%

Für die in Tab. 5-2 angeführten Tätigkeiten wird vorgeschlagen, die dort vorgesehenen prozentualen Zuschläge zu den direkten Personalzeiten zu verwenden und von diesen Zuschlägen nur abzugehen, wenn besondere Umstände des Laboratoriums dies erforderlich erscheinen lassen. Aus der Summe der Prozentwerte (z.B. 25%) werden die Personalminuten berechnet und in die Zeile 9 des Berechnungsbogens 1 (Abb. 5-2) eingetragen.

In den Zeilen 1-8 dieses Berechnungsbogens ist folgendermaßen zu verfahren:

Für die in den Zeilen 1 bis 3 angeführten Tätigkeiten sind prozentuale Zuschläge zu den direkten Personalzeiten nicht möglich, da das Ausmaß dieser Tätigkeiten zu stark von den an den einzelnen Arbeitsplätzen bzw. in den einzelnen Laboratorien bestehenden Verhältnissen abhängt. Die diesen Tätigkeiten entsprechenden indirekten Personalzeiten müssen in den einzelnen Laboratorien pro Tag oder Woche durch Aufschreiben an allen Arbeitsplätzen des Laboratoriums selbst ermittelt und auf 1 Jahr hochgerechnet werden.

Die in Zeile 4 angeführte Tätigkeit betrifft Personalzeiten, die von der neu einzuarbeitenden MTA und von der die Einarbeitung durchführenden MTA insgesamt aufgewendet werden müssen.

Für die in Zeile 5 bis 8 angeführten Tätigkeiten genügt eine kritische Festlegung in Prozenten der direkten Personalzeiten, wobei der in Klammern angegebene Rahmen eingehalten und die in den Fußnoten gegebenen Hinweise berücksichtigt werden müssen. Dabei ist folgendes zu beachten:

Der in Zeile 5 geltend gemachte zusätzliche Personalbedarf betrifft die erheblichen Schwankungen des Probenaufkommens innerhalb der Woche. So wird in der Regel der Arbeitsanfall am Montag wesentlich höher als am Freitag sein, was bis zu einem gewissen Grade durch Verlagerung weniger dringlicher Analytik auf z.B. den Freitag ausgeglichen werden kann. Wird diese Differenz zwischen den Tagen allerdings zu groß (Verhältnis Maximal- zu Minimalaufkommen größer als 1,2), so ist aufgrund der relativ starren Personalstruktur in den Laboratorien zusätzliches Personal, berechenbar nach der in den Anmerkungen angegebenen Formel, erforderlich.

In Zeile 6 werden Leistungen berücksichtigt, die die Abhängigkeit des Organisationsaufwandes im Labor von der Probenannahmestruktur betreffen, die wesentlich von der gesamten Krankenhausstruktur geprägt wird. Gibt es mehrere Annahmezeiten und damit mehrere zeitliche Schwerpunkte für die Analytik, so wird ein zusätzlicher Aufwand erforderlich, der durch die Einführung flexibler Arbeitszeiten nur in geringem Ausmaß gemildert werden kann.

In Zeile 7 werden zusätzliche indirekte Zeiten berücksichtigt, die anfallen, wenn Notfalluntersuchungen während der Routinearbeitszeit im Routinelaboratorium durchgeführt werden. Dies ist zunehmend der Fall, da moderne Analysengeräte eine gleichzeitige Routine- und Notfallanalytik zulassen. Annahme, Verteilung und Zusammenführung der Ergebnisse erfordern Arbeitsaufwand, der durch andere Zeiten nicht abgedeckt wird, und der vom Anteil der Notfalluntersuchungen an den Gesamtanalysen abhängt. Anteile von Notfalluntersuchungen von über 20% der Gesamtanalysenzahl, wie sie in vielen Laboratorien gefunden werden, können in Kliniken mit einem weit überdurchschnittlichen Anteil an Intensivpflegebetten begründet sein, ansonsten sind diese hohen Anteile häufig Ausdruck organisatorischer Probleme (z.B. frühzeitiger Annahmeschluß) und betreffen daher keine echten Notfälle. Es empfiehlt sich in solchen Fällen eine Überprüfung der Anforderungsstruktur.

In Zeile 8 werden indirekte Zeiten für telefonische Befunddurchsagen und Beantwortung von Anfragen durch das technische Peronal in Abhängigkeit von der EDV-Ausstattung des Krankenhauses berücksichtigt. Ist die Häufigkeit telefonischer Befundabfragen überdurchschnittlich groß (z.B.im Bereitschaftslaboratorium), so kann es notwendig sein, auch einen höheren Prozentsatz als 5% der direkten Personalzeit anzunehmen. In solchen Fällen wäre zu überlegen, ob nicht anstelle dessen eine Verbesserung der EDV-Kommunikation erfolgen sollte.

Insgesamt sollen die Zuschläge in den Zeilen 6 - 8 nicht mehr als 15% der direkten Personalzeiten betragen.

Aus den festgelegten Prozentsätzen werden die anteilmäßigen Personalminuten errechnet und in die Zeilen 5 bis 8 des Berechnungsbogens eingetragen.

Die in den Zeilen 4 bis 8 des Berechnungsbogens (Abb. 5-2) gemachten Angaben beruhen auf dem Consensus der Erfahrungen, die alle Autoren dieses Buches in ihren Laboratorien gemacht haben. Diese indirekten Zeiten können auch als Verteilzeiten aufgefaßt werden, sie werden aber aus erhebungstechnischen Gründen mit den indirekten Zeiten erfaßt (s. oben).

Aus der Summe aller im Berechnungsbogen 1 eingetragenen Personalminuten ergibt sich die indirekte Personalzeit des gesamten medizinisch-technischen Personals, die im Rahmen der Personalbedarfsermittlung in den Berechnungsbogen 3, Zeile 2 (s. Abb. 6-3) übertragen wird.

5.4 Verteilzeiten

Verteilzeiten sind Zeiten (Haeckel et al. 1984), die auch bei ergonomischer Gestaltung der Arbeitsplätze und Arbeitsabläufe an analytischen und nichtanalytischen Arbeitsplätzen anfallen. Sie betreffen *sachliche* Bereiche wie z.B. unvermeidbare Wartezeiten, die nicht durch andere Arbeiten ausgefüllt werden können, Zeiten für Rückfragen bei Vorgesetzten und *persönliche* Bereiche, wie z.B. Erledigung dringender persönlicher Bedürfnisse, Berücksichtigung der natürlichen, im Verlaufe eines Tages auftretenden Ermüdung, Pausen innerhalb der tariflichen Arbeitszeit.

Verteilzeiten können in Prozenten der direkten Personalzeiten berechnet werden. Als Basiswert für persönliche und sachliche Verteilzeiten werden 15 % der Summe der direkten Personalzeiten vorgeschlagen, falls nicht örtliche Regelungen anderes bestimmen. Im allgemeinen entfallen als Minimum etwa 5 % auf persönliche und 10 % auf unvermeidbare sachliche Verteilzeiten. Darüberhinaus können entsprechend der Organisation der Laboratorien oder auch des gesamten Krankenhauses weitere sachliche Verteilzeiten erforderlich sein, die auch bei den indirekten Zeiten miterfaßt werden können (s. Abb.5-2, Zeile 5-8). Bei extremer Ausnutzung aller Rationalisierungsmöglichkeiten (wie z.B. in Laboratorien ohne Notfallversorgung und mit streng geregelten Annahmezeiten) gelten 15 % für die gesamte Summe der Verteilzeiten. Der Anteil der Verteilzeiten wird in Zeile 4 des Berechnungsbogens 3 (s. Abb. 6-3) eingetragen.

6 Berechnung des Personalbedarfs

W. Hinsch

In diesem Kapitel wird das von den Mitgliedern der Arbeitsgruppe gemeinsam vertretene Konzept für die Berechnung des Personalbedarfs im medizinischen Laboratorium zusammenfassend vorgestellt. Es beruht primär auf der möglichst genauen Berechnung des Bedarfs an medizinisch-technischem Personal, wofür die Grundlagen in den Kapiteln 2 bis 5 ausführlich beschrieben sind. Weitere Personalstellen werden aus der Summe des berechneten medizinisch-technischen Personals abgeleitet, oder es werden, in einigen Fällen, pauschale Empfehlungen gegeben.

Beim Personal in medizinischen Laboratorien sollte unterschieden werden zwischen
 - akademischem Personal
 - medizinisch-technischem Personal
 - Technikern
 - Verwaltungspersonal (einschließlich EDV-Fachkräften) und
 - Laborhelfern (einschließlich Reinigungspersonal).

6.1 Akademisches Personal

6.1.1 Laboratoriumsleiter
Jedes medizinisch-diagnostische Laboratorium muß fachlich verantwortlich geleitet sein. Es wird vorgeschlagen, in Krankenhäusern ab 500 Betten eine selbständige Fachabteilung für Laboratoriumsmedizin einzurichten. In solchen Laboratorien sollte der Leiter einen ständigen, fachlich qualifizierten Vertreter haben.

6.1.2 Weitere akademische Mitarbeiter
Bei der Ermittlung des akademischen Personals hat sich die Arbeitsgruppe an Empfehlungen von Osburg (1987) angelehnt, die auf Erfahrungswerten beruhen.

In einem größeren Laboratorium sollten ab ca. 20 Planstellen für medizinisch-technisches Assistenzpersonal (MTLA) je nach vorhandenen Arbeitsbereichen 1 bis 3 akademische Mitarbeiter vorhanden sein. Für je 10 weitere Planstellen für MTLA sollte ein zusätzlicher akademischer Mitarbeiter hinzukommen.

Besteht in einem Bereich die Notwendigkeit eines durchgehenden ärztlichen Dienstes (z.B. für Blutgruppenserologie oder Akuttoxikologie), ist dies gesondert zu berücksichtigen.

Die erforderliche Anzahl wissenschaftlicher Assistenten zur Betreuung von Medizinstudenten während der nachweispflichtigen praktischen Übungen (Praktikum der Klinischen Chemie und Hämatologie, Praktikum der Mikrobiologie) ist nicht festgelegt und orientiert sich an den örtlichen Erfordernissen (u.a. Anzahl der Kursräume und Studentengruppen, Semesterkursstunden, Pflichtunterrichtstunden der Assistenten, Einbindung der Assistenten in sonstige Vorlesungen). Als grobe Orientierung kann gelten, jeweils einen wissenschaftlichen Assistenten für den semesterbegleitenden Unterricht und die Betreuung einer Gruppe von 10-15 Studenten vorzusehen. Bei der Berechnung abzuziehen sind allerdings Aufgaben, die von erfahrenen studentischen Hilfskräften (Tutoren) übernommen werden. Da die Assistenten nicht ausschließlich für den Unterricht zur Verfügung stehen, sondern im wesentlichen andere Aufgaben in Forschung und Krankenversorgung wahrnehmen, sind diese Tätigkeiten anteilig auf die Anzahl der Assistenten anzurechnen.

6.2 Medizinisch-technisches Personal

In vorangegangenen Kapiteln wurde die Erhebung der *Untersuchungszahlen* und der *Personalzeiten* beschrieben. In den folgenden Empfehlungen wird dargelegt, wie aus beiden Kenngrößen der *Personalbedarf für die Gruppe der Medizinisch-Technischen Laboratoriumsassistenten in der Medizin (MTLA)* ermittelt werden kann.

Die Funktion $t_p = S \cdot t_f + t_v \cdot n$ beschreibt die erforderliche direkte Personalzeit für ein Untersuchungsverfahren pro Jahr, wobei t_f den fixen Zeitanteil in Minuten, t_v den variablen Anteil in Minuten, n die Anzahl der durchgeführten Untersuchungen und S die Anzahl Serien pro Jahr (in den meisten Fällen eine Serie pro Arbeitstag, also z.B. 251/Jahr; siehe Tab. 6-1) bedeuten.

Ein Untersuchungsverfahren wird durch die zu bestimmende Meßgröße und die angewendete Methode in Verbindung mit einem bestimmten Analysengerät gekennzeichnet. Die fixen und die variablen Zeiten für zahlreiche Untersuchungsverfahren sind von der Arbeitsgruppe ermittelt (oder bei Fremdermittlung durch andere Laboratorien kontrolliert) worden und in den Tabellen der Abschnitte 8.1 und 8.2 im Anhang niedergelegt. Diese Tabellen müssen kontinuierlich aktualisiert und vervollständigt werden. Fehlen für eigene Berechnungen noch Angaben für bestimmte Verfahren, können entweder Zeiten von analogen Verfahren verwendet werden, oder es muß eine eigene Zeiterfassung durchgeführt werden. Die in Kapitel 4 beschriebene Methode I wird dazu primär empfohlen.

Zu der allgemein für ein Untersuchungsverfahren bzw. ein Gerät gültigen variablen Personalzeit muß gegebenenfalls noch die Personalzeit für Tätigkeiten addiert werden, die in einem konkreten Arbeitsablauf anfallen, wie z. B. Beschriften von Geräteausdrucken, Sortieren ungeordnet eintreffender Proben, Enteiweißen von Proben. Diese Zeiten fallen je nach Labororganisation bzw. -ausrüstung an. Werte für diese *"komplexen Zeitbausteine"* wurden von der Arbeitsgruppe ebenfalls ermittelt. Sie sind zusammen mit einer Beschreibung und einer Kurzbezeichnung (Z1, Z2, ...) im Anhang 8.3 ebenfalls tabelliert. Indem die komplexen Zeitbausteine den methodenspezifischen direkten Personalzeiten hinzugezählt werden, wird einem unterschiedlichen Aufwand, ob beispielsweise ein Gerät ohne oder mit on-line-Anschluß an eine EDV betrieben wird, Rechnung getragen.

Tabelle 6-1. Beispiel zur Ermittlung der Jahresarbeitsminuten (Anwesenheitszeit) für den
öffentlichen Dienst in der BR Deutschland, aktualisiert in Anlehnung an den Bericht
Nr.16/1988 der Kommunalen Gemeinschaftsstelle für Verwaltungsvereinfachung,
D-W 5000 Köln 51, Lindenallee 13

Berechnungsgrundlagen		Tage
Gerundetes mittleres Jahr		365
abzügl. Sonntage	52	
Samstage	52	
Feiertage und feiertagsähnliche Zeit	10	
Summe der Abzüge	114	
Summe der möglichen Arbeitstage je Arbeitskraft		251
abzügl. rechnerisch einzusetzender Ausfälle durch		
Krankheit und Heilverfahren	12,0	
Urlaub und sonstige Dienstbefreiung	33,3	
Sonderurlaub wegen Umgang mit infektiösem Material [1]	4,0	
Summe der Abzüge	49,3	
Summe der rechnerisch einzusetzenden Arbeitstage		**201,7**[2]

[1]Diese Regelung ist von Bundesland zu Bundesland unterschiedlich und richtet sich nach den
Verordnungen über den Erholungsurlaub für Beamte und Richter (z.B. Niedersächsisches GVBl. v.
2.10.90, S. 444, § 6) und gilt nach §§ 69 und 49 BAT auch für Angestellte im öffentlichen Dienst.

[2]Es sei betont, daß die Angaben der oben genannten KGSt. lediglich für Verwaltungspersonal gelten.
Hier kann von einer ungefähr gleichen Verteilung weiblicher und männlicher Arbeitnehmer aus-
gegangen werden. Erfahrungsgemäß arbeiten in medizinischen Laboratorien vorwiegend weibliche
Mitarbeiter, bei denen aufgrund von Schwangerschaften die o.a. Ausfallzeiten nur als Minimum anzusehen sind. Da die Ausfallzeiten in der Regel von den Krankenhausverwaltungen ermittelt werden,
sollte jedes Labor im unteren Teil der Tabelle die individuellen Werte einsetzen.

Nach der oben angegebenen Funktion wird die direkte Personalzeit pro Jahr für eine
Erhebungseinheit aus den fixen und *allen* variablen Personalzeiten (einschließlich komplexer Zeitbausteine), der Serienanzahl sowie der Gesamtzahl der durchgeführten Untersuchungen berechnet[1]. Es empfiehlt sich dabei, nach Berechnungsbogen 2 (Abb. 6-1)
vorzugehen. Die Erfassung der komplexen Zeitbausteine, die einem Untersuchungsverfahren zugeordnet werden können, erfolgt im Berechnungsbogen 2 derart, daß in Spalte
5 unterhalb der allgemein für das Untersuchungsverfahren geltenden variablen Personalzeit t_v die Zeitwerte der individuell zur Anwendung kommenden komplexen Zeitbausteine

---

[1] Bei Mehrtestsystemen, die selektiv mehrere Untersuchungen parallel aus einer Probe
durchführen ("selektive Parallelanalysatoren", z.B. Astra, AU 5000, Parallel), ist nicht
die Untersuchung, sondern die Probe (Analysengruppe, Profil) das Zählobjekt. Es ist
dann die Brutto-Anzahl bearbeiteter Proben (vergl. Abb. 2-2) in Berechnungsbogen 2
einzusetzen.

Berechnungsbogen 2. Ermittlung der direkten Zeiten des medizinisch-technischen Personals in Minuten/Jahr

Labor: Jahr: Seite:

1	2	3	4	5	6	7	8	9	10
Erhebungs-einheit	Meßgröße / Zeitbaustein	Methode / Gerät	t_v (min)	Unter-suchgn. (brutto)	Proben (brutto)	t_f	Serien pro Jahr	t_p pro Zeile	t_p für das Untersgs.-verfahren

Abbildung 6-1. Berechnungsbogen 2 zur Ermittlung der direkten Zeiten für das medizinisch-technische Personal.

Spalte 1. Es wird empfohlen, die Berechnung pro Erhebungseinheit (Arbeitsplatz) durchzuführen

Spalte 2. Zur eindeutigen Kennzeichnung sind untersuchtes Probenmaterial (Serum, Vollblut usw.) und Analyt einzutragen, wenn erforderlich auch die Meßgrößenart (Massenkonzentration, Ionenaktivität usw.). Hinsichtlich einzusetzender "Zeitbausteine" muß die laborspezifische Variante des Untersuchungsverfahrens betrachtet werden. Es ist zu berücksichtigen, ob ein Zeitbaustein je Untersuchung (Spalte 5) oder je Probe (Spalte 6) zu verrechnen ist (s. Beispiel in Abb. 6-2)

Spalte 3. Die Eintragungen müssen das verwendete Untersuchungsverfahren eindeutig charakterisieren. Für eine vollständige Beschreibung sind Methodenprinzip, Reagenzien und benutztes Gerät erforderlich

Spalte 4.   Die variable direkte Personalzeit/Untersuchung (t_v-Wert) für das Untersuchungsverfahren ist in den meisten Fällen dem Anhang zu entnehmen (s. Text).

Spalten 5 und 6: Die Brutto-Untersuchungszahlen/Jahr bzw. Brutto-Probenzahlen/Jahr sind einzusetzen. Falls nur eine Nettostatistik geführt wird, werden gemäß Kapitel 2 mit Hilfe der Aufwandsrelation die Bruttozahlen ermittelt

Spalte 7. Die fixe direkte Personalzeit/Serie (t_f-Wert) für das Untersuchungsverfahren ist in den meisten Fällen dem Anhang zu entnehmen (s. Text)

Spalte 8. Zum Serienbegriff s. Text

Spalte 10. Die Kenngröße t_p beschreibt die direkte Personalzeit pro Jahr in Minuten für die laborspezifische Variante des Untersuchungsverfahrens (= Summe t_p des Verfahrens + t_p der Zeitbausteine)

eingetragen werden. In Spalte 9 wird die Summe der variablen und fixen Zeiten pro Zeile, in Spalte 10 die Summe aller direkten Personalzeiten für das Untersuchungsverfahren eingetragen. Abb. 6-2 erläutert dieses Vorgehen beispielhaft.

Der verwendete Begriff der Serie (Spalte 8) orientiert sich an der traditionellen Vorstellung, daß die Proben eines Tages oder einer Schicht zu einer Serie zusammengestellt und mehr oder weniger kontinuierlich (batchwise) analysiert werden können. Zu jeder Serie gehört eine weitgehend konstante fixe Zeitperiode. Eine Serie kann unterbrochen und später fortgesetzt werden; ist jedoch eine Wiederholung der fixen Anfangsperiode nötig, handelt es sich um eine 2. Serie.

Durch ein PC-lauffähiges Programm, das über INSTAND[2] bezogen werden kann, können die nachfolgenden Berechnungen wesentlich vereinfacht werden.

Um den Bedarf an medizinisch-technischem Personal zu ermitteln, müssen zu den direkten Personalzeiten die indirekten Personalzeiten addiert werden.

Dazu werden die Summen der direkten Personalzeiten (Berechnungsbogen 2, Abb. 6-1) und der indirekten Personalzeiten (Berechnungsbogen 1, Abb. 5-2) zusammengestellt und in den Berechnungsbogen 3 (Abb. 6-3) übertragen. Durch die Addition von 5 % persönlichen und 10 % sachlichen Verteilzeiten (bezogen auf die direkten Personalzeiten) wird die gesamte Personalzeit ermittelt. Diese Gesamtsumme wird dann durch die Anzahl der Arbeitsminuten/Jahr dividiert, um die erforderliche Anzahl an medizinisch-technischen Mitarbeitern zu erhalten. Die für die vorgestellte Berechnungsweise verwendeten Kenngrößen und Formeln sind in der Abb. 6-4 zusammengefaßt.

Die rechnerisch einzusetzenden Arbeitstage von 201,7 aus dem Beispiel in Tabelle 6.1 entsprechen bei einer Schichtdauer von 462 Minuten (38,5 Wochenstunden) einer Jahresarbeitszeit von 201,7 x 462 = 93185 Minuten. Die oben angegebenen Arbeitstage und Arbeitsminuten/Jahr können in verschiedenen Bereichen und Trägerschaften der Krankenhäuser variieren und sind als Beipiele zu sehen. Bei abweichenden Voraussetzungen sind die Zahlen entsprechend anzupassen.

Zu der auf diese Art ermittelten Anzahl an MTLA sind dann noch solche hinzuzählen, die nicht bei der Ermittlung der direkten und indirekten Zeiten erfaßt wurden, wie leitende MTLA (falls noch nicht bei den indirekten Zeiten erfaßt), MTLA in Satellitenlaboratorien sowie MTLA, die außerhalb der hier erfaßten Routinearbeitszeiten (z.B. nachts) arbeiten und dafür Freizeit-Ausgleich erhalten (Ausgleichzeiten). Zusammenfassend sind alle Schritte für die Berechnung des Personalbedarfs nach den vorgestellten Verfahren in der Tabelle 6-2 dargestellt.

Für eine in die Routine integrierte Notfallanalytik werden entsprechend Abb. 5-2 Zuschläge bei den indirekten Zeiten ermittelt.

Besteht ein separates Notfall-Laboratorium, muß im Einzelfall überlegt werden, ob das für die Tagesroutine verwendete Verfahren für die Tagesschicht(en) anwendbar ist. Für Notfalluntersuchungen außerhalb der üblichen Arbeitszeit wird als vorläufige Richtzahl etwa 20 Untersuchungen pro MTLA und Stunde (ohne Immunhämatologie und Blutentnahmen außerhalb der Laborräume) vorgeschlagen.

---

[2]INSTAND e.V.: Postfach 250211, 40093 Düsseldorf

Berechnungsbogen 2. Ermittlung der direkten Zeiten des medizinisch-technischen Personals in Minuten/Jahr

Labor: **Jahr:** **Seite:**

1	2	3	4	5	6	7	8	9	10
Erhebungsein-heit	Meßgröße / Zeitbaustein	Methode / Gerät	t_v (min)	Unter-suchun-gen (brutto)	Proben (brutto)	t_f	Serien pro Jahr	t_p pro Zeile	t_p für das Un-tersuchungs-verfahren
Zucker	B-HbA1	Säulenchrom.	2,80	1394		9	104	4839	
	Z1 (A)		0,21	1394				293	
	Z7 (A)		0,07	1394				98	
	Z12 (A)		0,20	1394				279	5509
	B-Glukose	manuell	1,65	29208		4	250	49193	
	Z2 (A)		0,05	29208				1460	
	Z3 (A)		0,07	29208				2045	
	Z7 (A)		0,07	29208				2045	54743
Enzyme und Substrate	alle Meßgrößen	BM / Hitachi 717	0,06	326243		40	250	29574	
	Z5 (P)		0,17		35000			5950	35524
								Summe	95776

Abbildung 6-2. Berechnungsbogen 2 mit Beispieldaten

Berechnungsbogen 3. Ermittlung des Bedarfs an medizinisch-technischem Personal

1. Summe der direkten Personalzeiten (min) aus Berechnungsbögen 2

$\Sigma\, t_p$: ____________

2. Summe der indirekten Personalzeiten (min) aus Berechnungsbögen 1

$\Sigma\, t_i$: ____________

3. Summe (2) + (3) (min)

4. Verteilzeiten [15 % von (1)] (min)

5. Summe der Ausgleichzeiten (min)

6. Summe (3) + (4) + (5) (min)

7. (6) dividiert durch Arbeitsminuten pro Jahr und gerundet auf 1 Dezimale (MTLA-Stellen)

8. Leitende MTLA (falls nicht bei (1) oder (2) erfaßt) (MTLA-Stellen)

9. Andere bisher nicht erfaßte Bereiche (Satellitenlabors) (MTLA-Stellen)

10. **Gesamt-MTLA-Bedarf** Summe (7) + (8) + (9) (MTLA-Stellen)

Abbildung 6-3. Berechnungsbogen 3 für die Ermittlung des Bedarfs an medizinisch-technischem Personal

Direkte Personalzeit an der Erhebungseinheit:

$$t_p = S \cdot t_f + n \cdot t_v + n \cdot (za_1 + za_2 + \ldots + za_k) + m \cdot (zp_1 + zp_2 + \ldots + zp_1)$$

Direkte Personalzeit aller Erhebungseinheiten:

$$\Sigma t_p$$

Indirekte Personalzeit aller Erhebungseinheiten:

$$\Sigma t_i$$

Verteilzeit:

$$0.15 \cdot \Sigma t_p$$

Personalstellen:

$$P = \frac{1}{AMJ} \cdot (\Sigma t_p + \Sigma t_i + \Sigma t_a + 0.15 \cdot \Sigma t_p)$$

Abbildung 6-4. Kenngrößen und Berechnungsformeln zur Ermittlung des Bedarfs an medizinisch-technischem Personal (ohne Ltd. MTLA und ohne Satellitenlaboratorien). t_p = direkte Personalzeit; t_i = indirekte Personalzeit; t_f = fixe direkte Personalzeit; t_v = variable direkte Personalzeit; t_a = Ausgleichzeiten; za_1, za_2,... auf die Untersuchungszahl zu beziehende Zeitbausteine; zp_1, zp_2, ... auf die Probenzahl zu beziehende Zeitbausteine; S = Anzahl Serien/Jahr; n = BruttoUntersuchungszahl/Jahr; m = Bruttoprobenzahl/Jahr; AMJ: Arbeitsminuten pro Jahr

Tabelle 6-2. Kurzfassung des Verfahrens zur Berechnung des medizinisch-technischen Personals

1. Führen der Untersuchungs- und der Probenstatistik pro Erhebungseinheit mittels Erfassungsbogen (Abb. 2-1 bzw. 2-2).

2. Übertragung der Bruttozahlen (bzw. Nettozahlen $\times$ Aufwandsrelation) pro Jahr in Spalte 5 bzw. 6 von Berechnungsbogen 2 (Abb. 6-1).

3. Ermittlung der Serienanzahl pro Jahr und Eintragung in Spalte 8 des Berechnungsbogens 2.

4. Aufsuchen der fixen und variablen Zeiten für das entsprechende Untersuchungsverfahren in Anhang 8.1 oder 8.2. Findet sich das Verfahren nicht in den Tabellen, kann ein analoges gewählt werden. Ist dies auch nicht möglich, müssen die Zeiten selbst nach einem der in Kapitel 4 beschriebenen Verfahren ermittelt werden.

5. Die verfahrensspezifischen variablen Zeiten werden in Spalte 4, die in Frage kommenden Zeitbausteine aus Anhang 8.3 in Spalte 2 dokumentiert und ihr Zeitwert in Spalte 4 des Berechnungsbogens 2 übertragen. Die verfahrensspezifische fixe Personalzeit wird in Spalte 7 eingetragen.

6. Berechnung der direkten Personalzeiten t_p in Spalte 9 und Summenbildung pro Verfahren in Spalte 10 von Berechnungsbogen 2 (vergl. Abb. 6-2) und von allen Untersuchungsverfahren eines Berechnungsbogens.

7. Übertragen der direkten Personalzeiten von allen Berechnungsbögen 2 in Berechnungsbogen 3 und Summierung zu $\Sigma\, t_p$ (vergl. Abb. 6-3).

8. Ermittlung der indirekten Personalzeiten t_i mittels Berechnungsbogen 1, entweder für alle Abteilungen oder individuell getrennt für einzelne Abteilungen (bzw. Erfassungseinheiten).

9. Übertragen der indirekten Personalzeiten in Berechnungsbogen 3 und Summierung zu $\Sigma\, t_i$.

10. Berechnung der Verteilzeiten ($\Sigma\, t_p \cdot 0{,}15$) und Eintragen in Zeile 4 des Berechnungsbogens 3.

11. Ermittlung der Ausgleichzeiten (Freizeitausgleich für Dienste außerhalb der Routinearbeitszeit).

12. Addition von $\Sigma\, t_p$, $\Sigma\, t_i$, Verteil- und Ausgleichzeiten: Gesamtpersonalzeit.

13. Division der Gesamtpersonalzeit durch die Jahresarbeitsminuten einer MTLA ergibt die erforderliche Anzahl von MTLA pro Jahr.

14. Gegebenenfalls werden leitende MTLA sowie Mitarbeiter anderer, nicht erfaßter Bereiche hinzugezählt.

Für die akademische Lehre und die Forschung wird zusätzlich medizinisch-technisches Personal benötigt, wenn diese zu den Aufgaben eines Laboratoriums gehören. Es muß aufgrund der örtlichen Gegebenheiten ermittelt werden. Ferner muß für zusätzliche Aufgaben (z.B. Verwaltung eines Blutkonservendepots) medizinisch-technisches Personal entsprechend der tatsächlich anfallenden Zeit berücksichtigt und dem Personalstellenplan zugeschlagen werden.

6.3 Techniker

Jedes größere Zentrallaboratorium, dem kein Service-Zentrum zur Verfügung steht, sollte 1 bis 3 Techniker fest anstellen, die für die laufende Wartung und auch Reparaturen (je nach Ausbildungsstand der Techniker) zuständig sind.

Für den technischen Dienst kommen Ingenieure, Medizintechniker aber auch besonders geschulte Feinmechaniker und Elektronikfachkräfte in Frage.

6.4 Verwaltungs-Personal

Der Bedarf an Verwaltungspersonal richtet sich nach der Struktur des Laboratoriums. Osburg (1987) gibt als groben Richtwert 10 % des medizinisch-technischen Personals an.

Bei Einsatz einer Datenverarbeitungsanlage muß mindestens 1 Operator vorhanden sein (die Stellvertretung kann durch besonders geschulte MTLA wahrgenommen werden, die einen Teil der Zeit auch an anderen Arbeitsplätzen eingesetzt werden können). Allerdings ist diese Stellvertretungsfunktion mit 0,3 Stellen bei der Ermittlung des MTLA-Bedarfs zu berücksichtigen.

Diese Überlegungen gelten nur, wenn ein komplettes Systempaket (Hard- und Software) von *einer* Firma, die auf dem Gebiet der Labor-EDV bereits über langjährige Erfahrungen verfügt, installiert wird. Ansonsten könnte ein wesentlich höherer Personalaufwand erforderlich sein.

Der von Osburg angegebene Richtwert von 10 % sollte das EDV-Personal und auch das Sekretariat der Laborleitung mit einschließen.

In größeren Laboratorien hat sich der Einsatz einer entsprechend geeigneten und geschulten Hilfskraft für die zentrale Bestellung, Kontrolle und Lagerhaltung des laufenden Verbrauchsmaterials bewährt. Dann sind allerdings bei den indirekten Personalzeiten nicht 25 % der direkten Zeiten (s. Berechnungsbogen 1), sondern 22 % als fixer Prozentsatz einzusetzen, da 3 % für diese Arbeiten vorgesehen sind.

6.5 Hilfspersonal

Über die oben genannten Tätigkeiten hinaus können noch weitere Hilfstätigkeiten anfallen, die aufgrund von örtlichen Gegebenheiten festzulegen sind. Diese Kräfte fallen nicht unter die unter 1 bis 4 genannten Kategorien.

6.5.1 Probenannahme und -verteilung

Die Probenannahme erfolgt in den meisten Laboratorien zentralisiert. Grundsätzlich sollte in diesem Bereich ein(e) MTLA (unter anderem mit Aufsichtsfunktionen) eingesetzt werden. Daneben können jedoch die Aufgaben von besonders geeigneten und geschulten Hilfskräften wahrgenommen werden. Als Richtwerte für den Gesamtpersonalbedarf an der zentralen Probenannahme können die Angaben in Tabelle 6-3 dienen. Die tatsächlichen Zeiten können jedoch auch wie indirekte Personalzeiten ermittelt werden.

Tabelle 6-3. Ermittlung der erforderlichen Anzahl an Laborhelfern in der zentralen Probenannahme und -verteilung (nach Osburg 1987)

Untersuchungen pro Jahr	Prozent der berechneten MTLA-Stellen
bis 100.000	15
200.000	14
300.000	13
400.000	12
500.000	11
600.000	10
700.000	9
800.000	8
900.000	7
1.000.000	6
über 1.000.000	5

6.5.2 Spüldienst und Entsorgung

Durch den Einsatz von Einmalmaterialien ist das Spülen von Glaswaren stark reduziert worden. Osburg hat in Abhängigkeit von der Größe und den unterschiedlichen Aufgaben des Laboratoriums, dem Mechanisierungsgrad der Reinigungseinrichtung und dem Grad der Benutzung von Einwegmaterial 0,25 - 0,75 Minuten Reinigungszeit pro Jahr und Untersuchung vorgeschlagen (Osburg 1987). Die Arbeitsgruppe schlägt nach eigenen Erfahrungen 0,1 Minuten vor. Dies bedeutet bei 1 Million Untersuchungen/Jahr etwa eine volle Arbeitskraft.

Für die Flächenreinigung werden heute bereits an vielen Orten Fremdfirmen eingesetzt. Zur Ermittlung von eigenem Reinigungspersonal wird auf Literaturangaben (Fischer et al. 1987, Haeckel et al. 1986a) verwiesen.

7 Kennzahlen zur Beurteilung derErhebungseinheit

G. Fischer, S. Fang-Kircher, P. M. Bayer

Betrachtet man die Erhebungseinheit als funktionelle Einheit, an der Proben bearbeitet und untersucht werden, so sind drei Zeiten voneinander abzugrenzen: die direkte Personalzeit, die Gerätezeit und die Untersuchungszeit (Definitionen siehe Kapitel 3).

Für alle drei genannten Zeiten kann eine lineare Beziehung zur Untersuchungsanzahl einer Serie festgestellt werden (siehe Abb. 7-1). Dabei werden untersuchungszahlabhängige, variable Zeiten und von der Untersuchungszahl unabhängige, fixe Zeiten voneinander unterschieden.

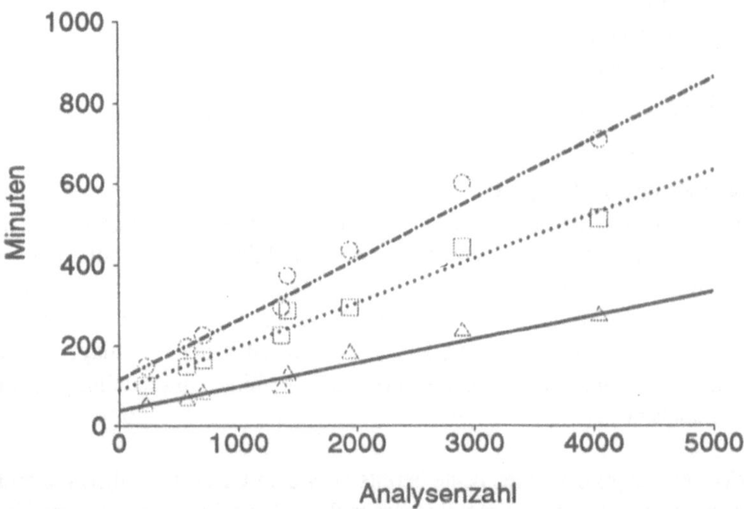

Abbildung 7-1. Graphische Darstellung der linearen Beziehung zwischen Untersuchungszahl und direkter Personalzeit (△ − △), Gerätezeit (□....□) und Untersuchungszeit (○---○) am Hitachi 717

Die Berechnung fixer und variabler Zeiten erfolgt mit Hilfe der einfachen linearen Regresssion, wie dies in Kapitel 4 (Methode I), beschrieben wurde. Dem Ergebnis wurde folgende Beziehung zugrunde gelegt:

$$t_p = t_f + t_v \cdot n \tag{1}$$

t_p :   direkte Personalzeit

t_f :   fixe direkte Personalzeit

t_v :   variable direkte Personalzeit

n :   Anzahl der durchgeführten Untersuchungen pro Serie

An dieser Stelle wurden auch die dazu erforderlichen Dokumentationsunterlagen vorgestellt. Laut "Protokollbogen" (Abb. 4-1) sind die gemessenen Teilzeiten einer Serie der Personalzeit "P" oder der Gerätezeit "G" zuzuordnen. Eine Nichtzuordnung zu den genannten Zeiten bedeutet, daß die erhobene Teilzeit zu den "sonstigen Zeiten" (entspricht den "Standzeiten", siehe Kapitel 3: "Zeitbegriffe") gezählt wird. Sie geht nicht in die Berechnung der direkten Personalzeit oder Gerätezeit ein, muß aber für die Berechnung der Untersuchungszeit berücksichtigt werden.

Die fixe und variable *Gerätezeit* kann analog dem in Kapitel 4 beschriebenen Verfahren zur Berechnung der fixen und variablen direkten Personalzeit ermittelt werden. Dabei werden alle jene Teilzeiten einer Serie zur Berechnung herangezogen, die der Gerätezeit "G" zugeordnet wurden. Man erhält:

$$t_g = t_{f'} + t_{v'} \cdot n \tag{2}$$

t_g :   Gerätezeit

$t_{f'}$:   fixe Gerätezeit

$t_{v'}$:   variable Gerätezeit

n :   Anzahl der durchgeführten Untersuchungen pro Serie

Zur Berechnung der fixen und variablen *Untersuchungszeit* dienen alle gemessenen Teilzeiten einer Serie, unabhängig davon, ob sie der Personalzeit, Gerätezeit oder den "sonstigen Zeiten" zugeordnet wurden:

$$t_a = t_{f''} + t_{v''} \cdot n \tag{3}$$

t_a :   Untersuchungszeit

$t_{f''}$:   fixe Untersuchungszeit

$t_{v''}$:   variable Untersuchungszeit

n :   Anzahl der durchgeführten Untersuchungen pro Serie

Alle in den Formeln angeführten Resultate sind für die Berechnung der folgenden *Kennzahlen* von Bedeutung.

7.1 Maximal mögliche Untersuchungszahl

Die Untersuchungszeit (t_a) stellt ein Maß für die mögliche Leistung einer Erhebungseinheit in einer bestimmten Zeitdauer dar. Wird sie der Schichtzeit (S) (Osburg 1987) gleichgesetzt, ergibt sich:

$$\frac{S - t_{f''}}{t_{v''}} = n \tag{4}$$

n :   maximal mögliche Leistung von durchgeführten Untersuchungen an der Erhebungseinheit in der Schichtzeit (in Minuten).

7.2. Auslastung des Gerätes

Die Gerätezeit (t_g) stellt eine von Labor zu Labor vergleichbare Größe dar, da sie von laborspezifischen Eigenheiten der Organisation einer Erhebungseinheit völlig unabhängig ist.

Da n in den Formeln (2), (3) und (4) eine idente Größe ist, kann folgender Zusammenhang zwischen Geräte- und Untersuchungszeit formuliert werden:

$$\frac{t_a}{t_g} = A = \frac{t_{v'}}{t_{v''}} \cdot \frac{S - t_{f''}}{S - t_{f'}} \tag{5}$$

A :   Auslastung des Gerätes an der Erhebungseinheit

A ist eine Zahl, die größer Null und kleiner gleich Eins ist. Sie stellt eine Kennzahl für die Organisation der Erhebungseinheit dar. Da die Geschwindigkeit eines analytischen Vorganges durch die technischen Möglichkeiten des eingesetzten Gerätes vorgegeben ist, ergibt sich aus A auch die Grenze der Optimierung der Erhebungseinheit. Wenn A = 1,00 ist, bedeutet dies, daß sämtliche erforderlichen Tätigkeiten zur Fertigstellung einer Untersuchung (wie z.B. das Eingeben der Proben in das System, das Abholen der Ergebnisse bzw. Befunde aus diesem System oder allfällige Inkubationszeiten) parallel zum Meßvorgang durchgeführt wurden und somit nicht weiter optimiert werden können.

Ist die direkte Personalzeit gemäß Formel (1) gegeben, so kann unter der Bedingung, daß n in allen Formeln eine idente Größe ist, folgender mathematischer Zusammenhang formuliert werden:

$$t_p = t_f + \frac{t_v}{t_{v''}} [S - t_{f'}] \tag{6}$$

t_p : jene direkte Personalzeit, die maximal bei Vollauslastung der Erhebungseinheit aufgewendet werden muß.

7.3 Mechanisierungsgrad - Personalfaktor

Der Mechanisierungsgrad einer Erhebungseinheit wird durch den Personalfaktor (P) beschrieben. Dieser reicht von Null bis kleiner gleich Eins und kennzeichnet den Anteil der direkten Personalzeit an der möglichen Leistung der Erhebungseinheit. Er stellt einen Bezug zur Untersuchungszeit dar:

$$\frac{t_p}{S} = P = \frac{t_f}{S} + \frac{t_v}{t_{v''}}[1 - \frac{t_{f''}}{S}]$$

(7)

P : Personalfaktor

Je kleiner P ist, desto besser ist die Erhebungseinheit mechanisiert. Die Werte t_f und t_v sind bei vorgegebener Mechanisierung und Organisation nur mehr von der Vertrautheit des Personals mit dem analytischen Prozeß abhängig.

Diese Größen sind bei einer allfälligen Änderung der Anforderungsstruktur an das klinische Laboratorium oder bei dessen Neuplanung wichtig. Bei einer Änderung des Arbeitsablaufes an der Erhebungseinheit ändert sich nur die Untersuchungszeit, während Personal- und Gerätezeit, vorausgesetzt es kommt zu keinem Wegfall von Teilzeiten, unverändert bleiben.

7.4 Auslastung der Erhebungseinheit

Die Auslastung der Erhebungseinheit (A%) wird als Indikator zur Beantwortung der Frage herangezogen, ob ohne Veränderung des Arbeitsablaufes bzw. ohne Reorganisation des Arbeitsplatzes, ein allfälliger Anstieg der Probenanzahl noch verkraftbar ist. Es wird dabei die Verhältniszahl aus tatsächlich im Beobachtungszeitraum angefallenen und durchgeführten Untersuchungen zu den aufgrund der vorgegebenen Betriebsdauer der Erhebungseinheit möglichen durchgeführten Untersuchungen gebildet und in Prozent ausgedrückt:

$$\frac{tatsächlich\ durchgeführte\ Untersuchungen}{mögliche\ Untersuchungen} \cdot 100 = A\%$$

(8)

A% : Auslastung der Erhebungseinheit in Prozent

7.5 Aufwandrelation

Nach H. Wüst (1985) wird mit diesem Indikator der tatsächliche durchschnittliche leistungsmäßige Aufwand einer Anforderung beschrieben:

$$\frac{durchgef\ddot{u}hrte\ Untersuchungen\ pro\ Me\beta gr\ddot{o}\beta e}{angeforderte\ Untersuchungen\ pro\ Me\beta gr\ddot{o}\beta e} = Aufwandrelation$$

$$(9)$$

7.6 Bereitstellung der Leistung

Wird die Schichtzeit (S) einer Erhebungseinheit als jene Zeit definiert, in der eine bestimmte Untersuchungsanzahl erbracht werden kann, so stellt diese die notwendige Betriebsdauer (Hauptzeit einer Laborarbeitsschicht nach Osburg) dar (2). Der Betriebsbeginn und das Betriebsende (Schichtgrenzen) richten sich nach betriebsorganisatorischen Gesichtspunkten des Laboratoriums.

Ist der Rationalisierungsgrad einer Erhebungseinheit vorgegeben, so kann nur der Beginn der Betriebszeit fixiert werden. Das Ende der Betriebszeit wird durch die Betriebsdauer der Erhebungseinheit bestimmt.

Ist der Rationalisierungsgrad einer Erhebungseinheit nicht vorgegeben, was bei Neuplanungen der Fall ist, so ist der Beginn der Betriebszeit so zu wählen, daß mit der ersten Serie von Untersuchungen an der Erhebungseinheit dann sinnvoll begonnen werden kann, wenn ausreichend Proben vorhanden sind. Das Ende richtet sich nach dem Zeitpunkt, zu dem alle Befunde der angeforderten Untersuchungen bekannt sein müssen. Als Ergebnis erhält man die Betriebsdauer der Erhebungseinheit.

Es muß daher jene Ausstattung einer Erhebungseinheit gesucht werden, die die geforderte Betriebsdauer (S") für die zu erwartenden oder durchgeführten Untersuchungen aufweist. Dies kann durch folgende Beziehung beschrieben werden:

$$\frac{S''}{n} \geq \frac{t_{f''}}{n} + t_{v''} \qquad (10)$$

$$\frac{S''}{n}$$
geforderte oder gesuchte durchschnittl. Untersuchungsdauer in der Betriebsdauer S'

$$\frac{t_{f''}}{n} + t_{v''}$$
durchschnittliche Untersuchungsdauer der Erhebungseinheit aufgrund deren Ausstattung

Die Erhebungseinheit ist den betriebsorganisatorischen Anforderungen dann optimal angepaßt, wenn die gesuchte gleich der berechneten durchschnittlichen Untersuchungsdauer ist. Je größer die gesuchte zur berechneten durchschnittlichen Untersuchungsdauer der Erhebungseinheit ist, umso mehr Kapazitäten sind auf dieser vorhanden.

7.7 Personalbedarf aufgrund der geforderten Leistung

Der Personalbedarf (MA) kann aufgrund der erbrachten oder der geforderten Untersuchungen (Zähleinheit = durchgeführte Untersuchungen) ermittelt werden.

Neben der in Kapitel 6 vorgestellten Methode zur Berechnung des Personalbedarfs kann dieser auch mittels folgender Verhältniszahl ausgedrückt werden:

$$\frac{t_i}{60 \cdot N} \cdot \sum_0^{S''} \frac{t_v}{t_{v''}} [S'' - t_{f''}] + t_f = MA \tag{11}$$

$60 \cdot N$:   tarifliche Arbeitszeit in Minuten im Beobachtungszeitraum

$\sum_0^{S'}$ Summe der Betriebsdauer im Beobachtungszeitraum

t_i Zuschläge oder Erweiterungen für indirekte Zeiten

Nach Vorschlag der Arbeitsgruppe sollte der Personalbedarf immer auf Basis einer geforderten und festgelegten Leistung einer Erhebungseinheit ermittelt werden. Ob diese festgelegte Leistung den tatsächlichen Anforderungen entspricht, ist aufgrund des Vergleiches mit der tatsächlich angefallenen Leistung zu ermitteln. Es ist zu beachten, daß für zufällig anfallende Mehrleistungen die festgelegte und für den Personalplan gültige Leistung um 10 % höher als die erbrachte Leistung sein soll (Bereitstellung von 10 % der Arbeitskapazität einer Erhebungseinheit für den zufälligen Mehrbedarf).

7.8 Dienstplan aufgrund der geforderten Leistung

Unter Dienstplan wird die Aneinanderreihung von Dienstfolgen verstanden. Die Dienstfolge ergibt sich durch die Aneinanderreihung der Betriebsdauer der einzelnen Erhebungseinheiten, welche nach betriebsorganisatorischen Gesichtspunkten erfolgt. Der Dienstplan ist auf Basis der errechneten Betriebszeiten der Erhebungseinheiten aufzubauen. Da die einzelnen Erhebungseinheiten im Regelfall aufgrund der Anforderungen eine unterschiedliche Betriebsdauer aufweisen, können periodische Schwankungen in der Leistungsanforderung durch Rotation des Personals, Wechseldienst oder Zusammenfassen mehrerer Erhebungseinheiten zu einem Arbeitsplatz, ohne Mehrdienstleistung und Zusatzpersonal aufgefangen werden.
  Pro Wochentag (w) wird nach den zu erwartenden oder in der Vorwoche tatsächlich durchgeführten Untersuchungen die Betriebsdauer berechnet. Der Mitarbeiteranteil pro Woche (MA') errechnet sich für eine Erhebungseinheit aus:

$$\frac{t_i}{60 \cdot N} \cdot \sum_0^W S''_w = MA'$$

$$(12)$$

S''_w :   Betriebsdauer einer Erhebungseinheit pro Wochentag oder für mehrere Erhebungseinheiten wie folgt:

$$\frac{t_i}{60 \cdot N} \cdot \sum_0^a \sum_0^w S''_{w,a} = MA'$$

$$(13)$$

a :   Anzahl der Erhebungseinheiten

w :   Wochentage

t_i :   Zuschläge oder Erweiterungen für indirekte Zeiten

S'' w,a :   Betriebsdauer der Erhebungseinheiten pro Wochentag

$60 \cdot N$ Tarifliche Arbeitszeit in Wochenminuten

MA' :   durchschnittliche Mitarbeiteranzahl pro Woche

Eine praktikable Vorgangsweise, Dienstpläne auf Basis der oben genannten Berechnungen zu erstellen, kann Fischer M. et al.(1982) entnommen werden. Es wird darin auch eine Optimierung der Dienstplangestaltung beschrieben.

8 Konsensuswerte für die direkten Personalzeiten

Zusammengestellt von K.-M. Otte

Die Konsensuswerte für die direkten Personalzeiten sind die Ergebnisse von Zeiterhebungen in verschiedenen medizinischen Laboratorien. Die im folgenden aufgeführten Zeiten haben sich bei Personalbedarfsermittlungen als realistisch erwiesen. Sie unterliegen im Rahmen der Weiterentwicklung einer stetigen Aktualisierung.

Die fixen und variablen Zeiten sind in zwei unterschiedlichen Tabellen aufgeführt. In Tabelle 8.1 sind die Zeiten analytbezogen in alphabetischer Reihenfolge aufgelistet. Frei programmierbare Analysensysteme, bei denen die Personalzeiten in Abhängigkeit vom Analyten und von den verwendeten Reagenzien erheblich schwanken können, sind ebenfalls in dieser Tabelle unter den einzelnen Analyten aufgeführt.

Tabelle 8.2 enthält die mechanisierten Analysensysteme, bei denen die fixe und variable Zeit unabhängig vom Analyt durch das Analysengerät vorgegeben ist.

Die variablen Zeiten umfassen nur die arbeitsplatzspezifischen Zeiten. Arbeitsplatzunspezifische Zeiten müssen durch die Zeitbausteine (Tabelle 8.3) erfaßt und hinzuaddiert werden.

In der Tabelle 8.4 sind die empfohlenen Zeitbausteine zur Berechnung der direkten Personalzeit nach Methode II aufgeführt. Ein Vergleich der Methoden I und II an Hand eines Beispiels ist in den Tabellen 8.5.1 und 8.5.2 dargestellt.

8.1 Konsensuswerte für die direkten Personalzeiten der Analyte

Die Analyte sind alphabetisch aufgeführt. Die weitere Zuordnung erfolgt durch die Methoden und Geräte. In einzelnen Fällen ist die Herstellerfirma und die Bestellnummer des verwendeten Testkits mit angegeben.

Die Angabe der GOÄ- Ziffern der Gebührenordnung vom 1.1.96 dienen zur Orientierung. Die Ziffern sind, sofern der Analyt in der Gebührenordnung aufgeführt ist, mit angegeben. Bei den Analyten ohne Ziffern lassen sich die Ziffern vergleichbarer Untersuchungen nehmen.

Tabelle 8.1 Konsensuswerte der analytbezogenen direkten Peronalzeiten						
Analyt	Methode	Gerät	t_f	t_v	GOÄ	Bemerkungen
ACHE im Fruchtwasser	BM Nr. 124117	PCP 6121	3	3,5		
Acetoacetat	qualitativ mit FeCl$_3$		1	0,68		

Tabelle 8.1 Konsensuswerte der analytbezogenen direkten Peronalzeiten

Analyt	Methode	Gerät	t_r	t_v	GOÄ	Bemerkungen
ACTH	IRMA, Labo-Serv Nr. BACL 6	Multigamma LB 2104 (Berthold)	9	0,8	4049	
AFP	Ria, Serono Nr. 107664	Multigamma LB 2104 (Berthold)	8	0,85	3743	
	EIA Hybritec	Photon II	12	1,8	3743	
	MEIA	IMX (Abbott)	5	0,4	3743	
δ - Aminolävulinsäure (ALA)	Chromatographie und Ehrlich Reagenz	PM	7	5,8	4120	
Aldolase		Cobas Bio (Roche)	8	0,62		
	BM Nr. 123838	Epp. PM 6114	4	3,5		
Aldosteron	RIA Solid phase Sorin ALDOCTK -2	Multigamma LB 2104 (Berthold)	8	1,1	4045	
Alkalische Leukozytenphosphatase	Objektträgermethode ohne Anfertigen des Ausstrichs		16	17	3683	
Alkalische Phosphatase		EPOS 5060	20	0,12	3587.H1	
		ACP 5040	16	0,12	3587.H1	
	opt. Standardmethode BM 1442228	Schimadzu Spektral PM UV 120-01	6	2,2	3587.H1	4 Küvetten, Digitalanzeige, keine Absaugpumpe, ohne Drucker
Alkalische Phosphatase Isoenzyme		Elphor Mikro-Rapid	15	5	3785	
Allergen(e)	RAST	Pharmacia PM	9	2,5	3891	
Alpha$_1$-Antitrypsin	RID (Behringwerke)		1	0,83	3739	
Alpha$_1$-Mikroglobulin	RIA (Mecconti)	Multigamma LB 2104	8	0,7	3754	
Aminosäuren im Urin			61	24	3737	
Ammoniak	enzymatisch BM Nr. 125857	Eppend. PM 6114	2	3,3	3774	
		Cobas Bio (Roche)	13	2,5	3774	

Tabelle 8.1 Konsensuswerte der analytbezogenen direkten Peronalzeiten

Analyt	Methode	Gerät	t_r	t_v	GOÄ	Bemerkungen
Ammoniak	enzymatisch Sigma A 171	Cobas Mira plus (Roche)	9,8	2	3774	incl. Ansetzen der Lösungen
Amöben	MIFC-Anreicherung		4	2,5	4747	
Amylase		EPOS 5060	20	0,12	3588.H1	
ANCA	ELISA	PM Elias Uniscan	10	3,4	38733874	
Androstendion	RIA, solid phase (DSL 3800)	Multigamma LB 2104 (Berthold)	8	0,65	4036	
Antistreptolysintiter	Verdünnungsreihe	Mikrotiterplatte	3	3,4	3523	
Antithrombin III (AT III)	BM Nr. 759376	PCP 6121	3	2,9	3930	
		Photometer	3	1,1	3930	mit Schreiber und Wechselautomatik 6-fach
		ACL 810 (IL)	14	0,99	3930	
Auto-Antikörper	indirekte Immunfluoreszenz je Auftragsstelle	Fluoreszenzmikroskop	11	1,4	<2Titerstufen 3805 H2-3827 H2 > 2 Titerstufen 3832 - 3854	
	ELISA (Schilddrüsen-Antikörper)	Uniscan (elias Medizin-Technik)	7	0,87		
Barbiturate	EMIT Single Test	Eppendorf PM	2	7,1	4153	
	EMIT Single Test	EMIT-ST System	4	2,7	4153	
	DC	TOXILAB-A oder B	15	10,8		
Bence-Jones-Eiweiß	Trübungsreaktion		2	11,6		
Berry-Test	siehe Mucopolysaccharide					
Beta-2-Mikro-Globulin	RIA, Mecconti, I-AQ 75	Multigamma LB 2104 (Berthold)	8	0,65	3754	
	MEIA	IMX (Abbott)	5	0,4	3754	
Bilirubin, direkt	Jendrassik Grof Merck Nr. 3333	Eppend. PM 6114, 6522	3	2,0	3582	

Tabelle 8.1 Konsensuswerte der analytbezogenen direkten Peronalzeiten

Analyt	Methode	Gerät	t_r	t_v	GOÄ	Bemerkungen
Bilirubin, gesamt	DPD-Methode, Peridochrom Mikromethode, BM 735 574	Shimadzu Spektral PM, UV 120-01,	5	1,5	3581.H1	4 Küvetten, Digitalanzeige, ohne Drucker, keine Absaug- pumpe
Bilirubin im Fruchtwasser	Extraktion, direkte Spektralphotometrie 300-600 nm	PM	6	6,9	3775	
Bilirubin für Neugeborene	Jendrassik Grof kap. Proben- dosierung	PM	4	1,9		
	2-Wellenlängen	Zeiss PM 4	1	1,6		
Bilirubin im Urin	qual., Testtabletten		2	0,83		
Blei	flammenlose AAS	IL 551	16	11,2	4192	
Blutbild (Ausstrich)	Ausstrich, färben, vis. Diff. von 100 Zellen	Färbeautomat Shandon, Mikroskop	16	6,0	3680	
	Färben und Ein- tüten für Station	Färbeautomat Shandon	16	1,9		
	Färben eines Aus- strichs	Hema-Tek (Ames)	1	0,64		
	nur färben, Pappen- heim	manuell	1	1,45		pro Objekt- träger
	nur differenzieren, normales Blutbild	Mikroskop, Leukodiff	2	4,5	3680	
	nur differenzieren, pathologisches Blut- bild	Mikroskop, Leukodiff	2	13,2	3680	
	Ausstrich anferti- gen, ohne Anfär- bung		1	0,70		
Blutbild (Differenzier- automat)	Wright's Stain (Merck)	Microx 120 (OMRON)	21	1,93	3550 Diff:3551	pro Probe

Tabelle 8.1 Konsensuswerte der analytbezogenen direkten Peronalzeiten

Analyt	Methode	Gerät	t_r	t_v	GOÄ	Bemerkungen
Blutbild		Minos (Roche)	30	1,2	3550	pro Probe
		H1 (Technicon)	41	1,1	3550 Diff:3551	pro Probe
		H2 (Technicon)	32	0,23	3550 Diff:3551	mit automatischer Probenzufuhr und Bar-Code Identifizierung
		Sysmex NE-Alpha	7,9	0,22	3550 Diff:3551	Zeiten pro Probe
		Cell-Dyn 3500 (Abbott)	3,3	0,21	3550 Diff:3551	mit automatischer Probenzufuhr
		Coulter S-Plus II	25	0,85	3550	pro Probe
		Coulter S-Plus IV	25	0,74	3550	pro Probe
		Coulter S-Plus STKR	17	0,20	3550	pro Probe
		Coulter S V	25	0,80	3550	pro Probe
		JS (cash) mech. Probeneingabe	32	0,24	3550	pro Probe
		JS (secondary) man. Probeneingabe	27	1,0	3550	pro Probe
Blutbild (klein) o. Thrombozyten		Sysmex CC 700	18	1,2	3550	pro Probe
Blutgase		AVL 945	10	2,05	3710	Blutgasanalyse pro Probe
Blutungszeit	nach Ivy		4	8,4	3932	
Brandsche Probe	Nitroprussid-Test		13	1,2		
Bromid quantitativ	Photometrisch mit Chloramin T und Phenolrot	PM	9	1,74		[1])
CA 12-5	RIA, Abbott Nr. 344.200	Multigamma LB 2104 (Berthold)	8	1,4	3900.H3	
	LIA (ILMA) Byk Sangtec	Luminometer (Berthold)	9	1,4	3900.H3	
CA 15-3	RIA, Isotopen Diagnostika 01 ELISA	Multigamma LB 2104 (Berthold)	8	1,4	3901.H3	

Tabelle 8.1 Konsensuswerte der analytbezogenen direkten Peronalzeiten

Analyt	Methode	Gerät	t_r	t_v	GOÄ	Bemerkungen
Ca 15-3	LIA (ILMA) Byk Sangtec	Luminometer (Berthold)	13	1,4	3901.H3	
CA 19-9	RIA, Abbott Nr. 344.150	Multigamma LB 2104 (Berthold)	8	1,4	3902.H3	
	LIA (ILMA) Byk Sangtec	Luminometer (Berthold)	9	1,4	3902.H3	
Caerulo-plasmin	Photometrie (p-Phenyldiamin)		10	2,3	3740	
Calcitonin	RIA, (DAK/PEG) Nr. DSL 1200	Multigamma LB 2104 (Berthold)	8	1,1	4047	
Calcium	Komplexbildung mit EGTA	Corning 940	5	1,8	3555	
	Flammenphoto-metrie	Eppendorf	13	0,91	3555	Zeiten pro Probe im Profil mit K, Na
	AAS	Fl 6 (Zeiss)	10	1,3	3555	Zeiten pro Probe im Profil mit K, Na, Mg
Catecholamine im Urin	HPLC incl. Proben-vorbereitung Säulenchromatogra-phie Bio-Rad Nr. 189-5001	Fluorimeter	24	12,6	4077 4073	
CEA	EIA, Abbott Nr. 3520-24	Quantum II	13	0,72	3905.H3	
	MEIA	IMX (Abbott)	5	0,4	3905.H3	
Cholinesterase (CHE)	Butyrylthiocholin-jodid	6-fach Wechselautomatik, Ergebnisausdruck	5	1,1	3589	
	enzymatisch	EPOS 5060 (Eppendorf)	20	0,12	3589	
Chlorid	Coulometrie	Corning 920, 925	6	0,9	3556	
		Astra 8 (Beckman)	11	0,47	3556	
Cholesterin	CHOD-PAP, enzymat. Farbtest Halbmikro, BM 237 574	Shimadzu Spektral PM UV 120-01	4	0,69	3561.H1	4 Küvetten, Digitalanzeige, ohne Drucker, keine Absaugpumpe
Chymotrypsin	BM Nr. 718211	PCP 6121	5	5,0	3787	
Ciclosporin	RIA-H3, Sandoz	ß-Counter LS 1801	16	1,7	4185	
	RIA (INSTAR)	Multigamma LB 2104 (Berthold)	8	1,3	4185	
	FPIA	TDX (Abbott)	6	1,6		

Tabelle 8.1 Konsensuswerte der analytbezogenen direkten Peronalzeiten

Analyt	Methode	Gerät	t_f	t_v	GOÄ	Bemerkungen
CK- MB	BM Nr. 1442406	Photometer mit Schreiber incl. Auswertung	5	14,4	3591.H1	
		PCP 6121	3	4,9	3591.H1	
	enzymatisch	Cobas Bio (Roche)	7	2,7	3591.H1	
CK- NAC	enzymatisch	Cobas Bio (Roche)	11	0,35	3590.H1	
	Opt. Standard-methode Monotest BM 1442376	Shimadzu Spektral PM UV 120-01	5	2,4	3590.H1	4 Küvetten, Digitalanzeige, ohne Drucker keine Absaugpumpe
Coffein	HPLC		12	3,6		
CO-Hämoglobin	Hg 546/ Hg 578	Eppendorf PM 6114	1	6,2	3692	Einzelanalyse
		Oximeter	1	8,4	3692	
Cortisol im Serum	RIA (DAK/PEG)	Multigamma LB 2104 (Berthold)	8	0,95	4020	
CPC-Citrat Test	siehe Glucosaminoglykan					
C- Peptid	RIA, Byk Sangtec Nr. 3791	Multigamma LB 2104 (Berthold)	8	0,80	4046	
Creatinin im Urin	Jaffé o. Ent-eiweißung Merckotest Merck 3385	Shimadzu Spektral PM UV 120-01,	7	1,6	3585.H1	4 Küvetten, Digitalanzeige, ohne Drucker,keine Absaugpumpe
		Astra 8 (Beckman)	11	1,77	3585.H1	
Creatinin Clearance	Berechnung der Clearance		1	3,0	3615	Personalzeiten ohne Bestimmung der Creatininwerte
Cyanid qualitativ	Gasprüfröhrchen nach Vorbehandlung mit H_2SO_4 (Dräger)		6	1,42		[1]
Cyanid quantitativ	Pyridin-Barbiturat-Reag. nach Mikro-diffusion (Conway-Schale)	PM	37	3,93		[1]
	Pyridin-Barbiturat-Reag. nach Mikro-diffusion (Widmark-Kolben)	PM	29	4,35		[1]
11-Desoxycortisol	RIA (DAK/PEG), DRG Nr.07-128102	Multigamma LB 2104 (Berthold)	8	0,95		

Tabelle 8.1 Konsensuswerte der analytbezogenen direkten Peronalzeiten

Analyt	Methode	Gerät	t_r	t_v	GOÄ	Bemerkungen
DHEA	RIA (solid phase, mit Extraktion) DPC Nr.TRDH 2	Multigamma LB 2104 (Berthold)	11	1,45	4037	
DHEA-S	RIA, solid phase Nr. DPC TKDS 2	Multigamma LB 2104 (Berthold)	8	0,65	4038	
Digitoxin	FPIA	TDX (Abbott)	6	1,5	4161	mit Enteiweißung
Digoxin	FPIA	TDX (Abbott)	6	1,5	4162	mit Enteiweißung
DNPH- Test			4	1,1		siehe auch Ketone und Ketonsäuren
Eisen	Ferrozine (Roche)	Eppendorf Meßplatz 5096	7	1,2	3620	
Eisenfärbung	Berliner Blau	manuell	6	3,4	3682	ohne Anfertigung des Ausstriches
Elastase	Elisa	Eppend. PM 1100 M, 6432	16	4,5	3791	
	IMAC	Eppend. PM 1100 M, 6432	17	4,5	3791	
Elektrophorese	siehe Proteinfraktionen					
Endotoxin	LAL (Cabi-Vitrum) COA- Test	PM	40	2,1		
Esterase-Färbung	manuell		14	5,0	3683	ohne Anfertigen des Ausstriches
Ethanol	ADH, BM Nr. 123960	Eppend. Meßplatz 6115	30	0,70	4211	
	Widmark (forensisch)	Eppend. Meßplatz 6115	11	2,6		inkl. Über-tragung in die polizeilichen Formulare
	Widmark	Eppend. Meßplatz 6115	11	2,0	4211	
	GC-Head Space	PE F42	15	2,8	4207	
	GC-Head Space (forensisch)	Perkin Elmar 8000	24	2,23		inkl.Dokumen-tation u. Über-tragung in die polizeilichen Formulare
	ADH	manuell, ohne Enteiweißung	3	1,22	4211	[2])
	ADH	manuell, mit Enteiweißung	3,1	1,59	4211	[2])

Tabelle 8.1 Konsensuswerte der analytbezogenen direkten Peronalzeiten

Analyt	Methode	Gerät	t_f	t_v	GOÄ	Bemerkungen
Ethanol	ADH (forensisch)	EPOS 5060 (Eppendorf)	33	2,33		inkl.Dokumentation u. Übertragung in die polizeilichen Formulare
		Cobas Bio	3,5	0,20	4211	[2]
	Gaschromatographie		10	5,0	4027	[2]
Ferritin	FIA (Baxter)	Stratus (Dade)	10	0,7	3742	
	MEIA	IMX (Abbott)	5	0,4	3742	
Fibrinmonomere	Kapillartest mit Protaminsulfat		3	1,2		
Fibrinogen	koagulometrisch	KC 10	4	0,50	3933	
	BM Nr. 658 642	Schnitger und Gross	4	1,0	3933	
Fölling Probe			2	0,73		
Folsäure	LIA (CLIA) (Ciba Corning)	Luminometer (Berthold)	17	1,2	4140	
Fructosamine	Roche 0728330	Eppend. PM 6114, 6522	4	1,7	3722	
FSH		Delfia	6	2,0	4021	
		Stratus (Dade)	10	0,40	4021	
FSP	Latex-Test, Wellcome Nr. HA 13		1	1,0	3935	
Galactose im Urin	enzymatisch BM Nr. 124273	Eppend. PM 6114	1	2,2		
Gallensäuren	enzymatisch (Merck 14352)	PM	10	2,3		
	RIA (Becton/Dickinson)	Multigamma LB 2104 (Berthold)	8	0,8	3777	
γ- GT		EPOS 5060 (Eppendorf)	20	0,12	3592.H1	
	Szasz-Methode Mikromethode Monotest BM 1087584	Shimadzu Spektral PM UV 120-01, 4	5	2,3	3592.H1	Küvetten, Digitalanzeige, ohne Drucker, keine Absaugpumpe
Gastrin	RIA, Becton/Dickinson Nr. 255 017	Multigamma LB 2104 (Berthold)	8	0,87	4051	
Gerinnungsfaktor VIII	koagulometrisch	KC 10	4	1,3	3939	incl. Auswertung und manueller Eichkurve

Tabelle 8.1 Konsensuswerte der analytbezogenen direkten Peronalzeiten

Analyt	Methode	Gerät	t_r	t_v	GOÄ	Bemerkungen
Gerinnungs-faktoren II, V, VII, VIII, IX, X, XI, XII	Koagulometrie	Schnitger-Gross	8	1,7	3939 Faktor II, V, VIII, IX, X 3940 Faktor VII, XI, XII	
Gerinnungs-faktor XIII	Behring Nr. OTXS 10/11, Monochlor-essigsäure	PM	8	6,3	3942	
Gliadin (IgA, IgG)	EIA (Pharmacia)		6	8,0		
Glucosamino-glykan	CPC-Citrat-Test	PM Eppendorf 6114	2	2,5		
Glucose	Hexokinase	PM Lange	4	1,7	3560	mit 6-fach Wechsel-automatik
	GOD-PAP, Perido-chrom ohne Enteiweißung BM 676 543	Shimadzu Spektral PM UV 120-01	6	0,80	3560	4 Küvetten Digitalanzeige, ohne Drucker, keine Absaugpumpe
	Hexokinase Hämolysatmethode	ACP 5040 (Eppendorf)	16	0,21	3560	incl. Einsetzen in die Kette
	Hexokinase	Centrifichem	2	0,30	3560	
	Glucose- DH	Labtronic S 100 (Boehringer Ingelheim)	3	0,52	3560	
	Glucose im Serum mit Probendosierung	ESAT 6660 (Eppendorf)	1	0,12	3560	
	Glucose im Hämolysat ohne Probendosierung	ESAT 6660 (Eppendorf)	1	0,09	3560	
Glucose-6-phosphat-dehydrogenase	Glutathionstabilitäts test nach Beutler		15	3,0	3790	
GLDH (Glutamat-dehydro-genase)	Monotest	PM	5	2,5	3778	6-fach Wechsel-automatik mit Schreiber, graphische Auswertung
GOT		ACP 5040 (Eppendorf)	16	0,12	3594.H1	
GPT		ACP 5040 (Eppendorf)	16	0,12	3595.H1	

Tabelle 8.1 Konsensuswerte der analytbezogenen direkten Peronalzeiten

Analyt	Methode	Gerät	t_r	t_v	GOÄ	Bemerkungen
GPT	Opt. Standard-methode Mikrometh. BM 1442511	Shimadzu Spektral PM UV 120-01,	6	2,4	3595.H1	4 Küvetten, Digitalanzeige, ohne Drucker, keine Absaugpumpe
Hämiglobin	Spektralphotometrie 630 nm	PM	3	4,78	3692	[2])
	Cyanidmethode	Oximeter IL 282	1	8,4	3692	als Profil (pro Probe)
Hämoglobin, freies	562/577/602 nm	Spektralphotometer	2	4,0	3690	
Halogenierte Kohlen-wasserstoffe qualitativ	Farbreaktion mit Pyridin und Natron-lauge (Fujiwara-Reaktion)		3	1,15		[2])
Haptoglobolin	RID		1	0,83	3747	
Harnsäure	PAP-Methode, enzymat. Farbtest, Halbmikromethode BM 990 701	Shimadzu Spektral PM UV 120-01,	7	0,70	3583.H1	4 Küvetten Digitalanzeige, ohne Drucker, keine Absaugpumpe
Harnstein	siehe Konkrementanalyse					
Harnstoff		Astra 8 (Beckman)	11	0,47	3584.H1	
Harnstoff S	Berthelot, enzymat. Farbtest, Salicylat, Halbmikromethode BM 777 510	Shimadzu Spektral PM UV 120-01,	5	0,9	3584.H1	4 Küvetten, Digitalanzeige, ohne Drucker, keine Absaugpumpe
HbA$_1$ bzw. glykiertes Hämoglobin	BioRad-Säulentest Nr. 1928001		8	2,6	3720	
	Affinitätschroma-tographie Merck		9	2,8	3720	
		Elphor Mikrorapid	15	5,0	3720	
	HPLC	BioRad	5	2,6	3720	
HBDH	BM Monotest Nr. 1087606	PM	3	1,2		6-fach Wechselauto-mat, Drucker
Hb-Differen-zierung		Elphor Mikrorapid	15	5,0	3691	
HBsAG	Schnelltest	Mikrotiterplatte	2	0,60		
	MEIA	IMX (Abbott)	5	0,4	4381	
HCG		Stratus (Dade)	10	1,0	4053	
	Hi- Gonavis (Molter)		2	0,85	4053	

Tabelle 8.1 Konsensuswerte der analytbezogenen direkten Peronalzeiten

Analyt	Methode	Gerät	t_r	t_v	GOÄ	Bemerkungen
HCG Tumor- marker + ß-HCG	IRMA, IRE	Multigamma LB 2104 (Berthold)	8	0,72	4024	
HDL- Cholesterin	Fällung und Messung im Überstand	PM Eppendorf	2	1,7	3562.H1	Fällung manuell
Homovanillin- säure	HPLC incl. Proben- aufbereitung,		49	10,0	4073	Ansetzen aller Lösungen pro Serie
HPL	RIA (Solid phase) DPC	Multigamma LB 2104 (Berthold)	8	0,65		
h-TG	siehe Threoglobulin					
Humbel-Test	siehe Methylmalonat					
Hydroxyindol- essigsäure	HPLC		20	13,5	4071	incl. Proben- aufbereitung
	(1-Nitroso-2- Naphtol/HNO_2)	PM	2	2,1		nach Extraktion
	Extraktion nach Udenfriend	PM	20	5,5		
Ig- Zellen	siehe smIg					
IgE gesamt	EIA, Pharmacia Nr. 10-5589-05	PM	14	2,2	3572	
Immunelektro- phorese	siehe Paraproteine					
Immunfixation		Elphor Mikrorapid	30	25,0	3749	
Indikan	qualitativ		1	0,95		
Insulin	RIA, Pharmacia Nr. 10-6414-01	Multigamma LK 2104 (Berthold)	8	0,95	4025	
K, Na	ISE, manuelle Probenannahme	Beckman ISE 2	11	0,70	3557 3558	als Profil (pro Probe)
	ISE, mechanische Probenannahme	Beckman ISE 2	18	0,18	3557 3558	als Profil (pro Probe)
K, Na im Urin	AAS, als Profil (pro Probe)	Fl 6 (Zeiss)	10	1,3	3557 3558	ohne automatische Probenzugabe
K, Na, Ca	Flammenphoto- metrie als Profil (pro Probe)	PM Eppendorf	13	0,91	3557 3558 3555	
K, Na, Cl, ges. Eiweiß		Astra 8 (mit 3 Modulen) (Beckman)	17	0,31	3557 3558 3556 3573	

Tabelle 8.1 Konsensuswerte der analytbezogenen direkten Peronalzeiten

Analyt	Methode	Gerät	t_f	t_v	GOÄ	Bemerkungen
K, Na, Ca, Mg	AAS, als Profil (pro Probe)	Fl 6 (Zeiss)	10	1,3	3557 3558 3555 3621	ohne automatische Probenzugabe
17-Ketosteroide im Urin	Extraktion (Zimmermann)	PM	30	8,6		
Ketone u. Ketonsäuren (z.B. Phenylpyruvat)	DNPH-Test		4	1,1		
Ketonkörper	Teststreifen		1	0,33		
Konkrementanalyse	Testbesteck Merck Nr. 11003		7	27,3		
	IR Spektroskopie		2	10,0		
	Röntgendiffraktion	Toshiba	5	14		
Kupfer	Bathocuproin BM Nr. 124834	photometrischer Meßplatz	7	1,2	4131	
	Bathocuproin	LKB 7400 + 2074	4	0,6	4131	
Lactat	Monotest, BM Nr. 149993	Eppend. PM 6114, 6522	1	2,2	3781	incl. Probenzentrifugation
		Cobas Bio (Roche)	10	0,87	3781	
Lamblien, Wurmeier	nach Anreicherung (MIFC-Verfahren)		4	2,5	4748 4750	
LAP		EPOS 5060 (Eppendorf)	20	0,12		
LDH	opt. Standardmethode Mikromethode BM 1442619	PM	6	0,62	3596	6-fach Wechselautomatik, Ergebnisausdruck
		Shimadzu Spektral PM UV 120-01,	6	2,4	3596	4 Küvetten, Digitalanzeige, ohne Drucker keine Absaugpumpe
		EPOS 5060 (Eppendorf)	20	0,12	3596	
LDH Isoenzyme		Elphor Mikrorapid	15	5,0	3785	
LDL-Cholesterin	Fällung, Messung im Überstand		2	1,6	3563.H1	
LE- Test	Latex Test	Objektträger	3	2,1		
Leukämie-Immunphänotypisierung	pro Probe (durchschnittl. 16 Antikörper)	Fluoreszenzmikroskop	7	75,3	3698 für den 1. Antik.	3699 für jeden weiteren Antikörper
Leukozyten	Kammerzählung	Mikroskop	1	4,9		

Tabelle 8.1 Konsensuswerte der analytbezogenen direkten Peronalzeiten

Analyt	Methode	Gerät	t_r	t_v	GOÄ	Bemerkungen
LH	FIA	Delfia (LKB)	6	2,0	4026	
		Stratus (Dade)	10	0,40	4026	
Lipid-Elektrophorese	nach Wieland u. Seidel	Densitometer Vogel	3	11,7	3729	mit manueller Auswertung
	nach Wieland u. Seidel	Densitometer Vogel	3	8,1	3729	Auswertung u. Befunderstellung mit PC
	nach Wieland u. Seidel	Vidio Densitometer LKB 5301	3	8,5	3729	Auswertung u. Befunderstellung mit PC
Lipoprotein (a)	RIA		11	0,80	3730	Mit Vorverdünnung
	elektrophoretisch	Phast System (Pharmacia)	29	0,5		
Lipoprotein X	elektrophoretisch	Rapidophor	4	2,0		
Lithium	AAS	Zeiss FL6	10	1,3	4214	
L/S-Ratio im Fruchtwasser	DC (Gelmann) Seprachrom	Zeiss KM 3	31	11,2	3782	
Lues-Suchtest	TPHA	Mikrotiterplatte	2	0,80		
Lymphozytentypisierung	Pro Probe 4 Antikörper	Facscan (Becton Dickenson)	13	30	3696	ab dem 4. Ak zusätzlich 3697 je Ak.
Magnesium	siehe Kalium					
		Cobas Bio (Roche)	11	0,27	3621	
	Xylidyl-Blau	PM	3	1,2	3621	
Medikamente	FPIA	TDX (Abbott) mit Enteiweißung	6	1,5		außer Methotrexat und Ciclosporin
	FPIA	TDX (Abbott) ohne Enteiweißung	6	0,95		
	FPIA	TDX (Abbott) mit Probensortierung	6	2,4		
Melanin	chemisch		4	6,5		
Methämoglobin	siehe Hämiglobin					
Methotrexat	FPIA	TDX (Abbott)	6	1,1	4169	
Methylmalonat	Humbel Test		8	3,3		
Mononucleose	Objektträgertest Paul Bunnel-Reaktion		3	2,0		
Mucopolysaccharide	Berry-Test		4	3,8		

Tabelle 8.1 Konsensuswerte der analytbezogenen direkten Peronalzeiten

Analyt	Methode	Gerät	t_r	t_v	GOÄ	Bemerkungen
Myoglobin	Latex-Test		3	2,1	3755	
Natrium	siehe Kalium					
Oligoclonale Banden	Isoelektrische Fokussierung	LKB Multiphor II	87	6,5	3750	
Opiate	Hämaggl. Hemmtest Ampullentest		2	7,1	4172	
Osmolalität	Kryoskopie	Vogel OM 801	1	1,5	3716	
	Kryoskopie	Advance	7	2,5	3716	
	Dampfdruck-erhöhung	Wescor 5500	12	1,6	3716	
Osmotische Erythrocyten-resistenz	NaCl Verdünnungs-reihe		1	13	3688	
Östradiol	RIA Solid phase DPC Nr. TKE 2	Multigamma LB 2104 (Berthold)	8	0,65	4039	
Östriol frei	RIA Solid phase DPC Nr. TKE 1	Multigamma LB 2104 (Berthold)	8	6,5	4027	
Oxalsäure im Urin	BM Nr. 755699	Eppend. PM 6114	6	7,0		
	Fällung, Titration		41	18,7		
Pankreolauryl-test			1	7,6		
Pappenheim-färbung	siehe Blutbild					
Paracetamol qualitativ	Farbreaktion p-Aminophenol mit o-Kresol und Ammoniak		3	1,24		[1]
Paracetamol quantitativ	EMIT-tox Test	RA 1000	3	0,3		[1]
	Farbreaktion mit o-Kresol, Ammoniak und $CuSO_4$ nach enzymatischer Spaltung	PM	3	1,59		[1]
Paraproteine	Immunelektro-phorese	Shandon	7	6,0	3748	
Paraquat qualitativ	Farbreaktion durch Reduktion mit Dithionit		10	1,4		[1]
Paraquat quantitativ	Photometrisch nach Reduktion mit Dithionit	PM	10	5,79		[1]

Tabelle 8.1 Konsensuswerte der analytbezogenen direkten Peronalzeiten

Analyt	Methode	Gerät	t_f	t_v	GOÄ	Bemerkungen
PAS Färbung			17	10,0	3683	ohne Anfertigen des Ausstriches
Phenolhaltige Medikamente	qual. mit $FeCl_3$		2	0,82		
Phenothiazine qualitativ	Farbreaktion mit Schwermetallsalzen nach Forrest (FPN-Test)		4	2,09		[1])
Phenylalanin + Tyrosin	HPLC incl. Proben-vorbereitung als Profil		25	7,8	3737	pro Probe
Porpho-bilinogen	Chromatographie und Ehrlich-Reagenz	Spektral-PM	4	5,5	4124	
	Watson-Schwarz-Test qualitativ		2	1,7	4123	
Porphyrine (Chromato-gramm)	HPLC		12	21,7	4125	
Porphyrine (gesamt)	Chromatographie und Photometrie bei 3 Wellenlängen	Spektral-PM	5	6,5	4125	
Porphyrine (qualitativ)	nach Ätherextraktion		3	1,8		
17-Hydroxy-Progesteron	RIA-Solid phase DPC Nr. RG 01028	Multigamma LB 2104 (Berthold)	8	0,65		
Progesteron	RIA-Solid phase DPC Nr. TKPG 2	Multigamma LB 2104 (Berthold)	8	0,65	4040	
Prolactin		Delfia	6	2,0	4041	
	LIA (ILMA) Byk Sangtec	Luminometer (Berthold)	12	1,4	4041	
Protein-fraktionen - im Serum	CAF Elektrophorese	Olympus Hite 200	10	0,46	3574	Protein-fraktionen pro Probe
		Boskamp, Vogel	25	0,84	3574	
		Elphor Mikrorapid 9-fach Stempel	15	0,33	3574	
- im Urin	SDS-Elektrophorese	LKB 2117 Multiphor	117	3,8	3764	

Tabelle 8.1 Konsensuswerte der analytbezogenen direkten Peronalzeiten

Analyt	Methode	Gerät	t_r	t_v	GOÄ	Bemerkungen
Protein im Liquor/-Urin	Coomassie Blau BioRad Nr. M 9610-15	Eppendorf PM, Dilutor Gilford 6065	6	1,8	3760	
- im Liquor	Biuret, Fäll. mit TCE		3	2,0		
	Pandy		1	0,42		
- im Serum	Biuret, Farbtest BM 124 281	Shimadzu Spektral PM UV 120-01,	5	1,0	3573.H1	4 Küvetten, Digitalanzeige, ohne Drucker keine Absaugpumpe
		Astra 8 (Beckman)	11	0,47	3573.H1	
- im Urin	Ponceau S mit Standard		3	1,7	3760	
PSA	EIA, Hybritec Nr. 4813 BE	PM Photon II	12	1,8	3908.H3	
C-PTH	RIA, Byk Sangtec	Multigamma LB 2104 (Berthold)	8	0,67	4056	
i-PTH	LIA (CLIA) Magic Lite (Ciba Corning)	Luminometer (Berthold)	19	1,0	4056	
PTT (partielle Thromboplastinzeit)	koagulometrisch	KC 10	4	0,50	3605	
	koagulometrisch	KC 40	40	0,19	3605	
	koagulometrisch	KC 40 PC mikro	17	0,19	3605	
		Schnitger u. Gross	3	1,2	3605	
		Fibrintimer A	28	0,13	3605	
P III P	RIA Solid phase Behring Nr. 0/DMT 02	Multigamma LB 2104 (Berthold)	8	0,67		
Pyridinolin-Crosslinks	HPLC- Kitt (BIO-RAD)	HPLC	23	2,83		Zeiten beinhalten die Hydrolyse und die Extraktion über eine Vorsäule
Pyruvat	BM Nr. 124982	Eppendorf PM 6114	4	3,5		
Red. Subst. im Urin	Clinitest (Ames)		1	0,72		
Renin (im Na-EDTA plasma)	RIA Du Pont NEN Nr.NEA 104	Multigamma LB 2104 (Berthold)	11	0,85	4058	mit Erzeugung von Angiotensin I
Reptilase	koagulometrisch	KC 10	4	0,29	3955	
Reticulocyten	Färbung u. Zählung im Ausstrich	Mikroskop	1	5,0	3552	

Tabelle 8.1 Konsensuswerte der analytbezogenen direkten Peronalzeiten

Analyt	Methode	Gerät	t_r	t_v	GOÄ	Bemerkungen
Reticulozyten	Färbung mit Tiazolorange	Facscan	12	2,3	3552	
Rheumafaktoren	Latex-Test		4	2,6	3884	
Rivalta			2	1,3		
Salicylat (qualitativ)	Farbreaktion mit Fe(NO$_3$)		3	1,02		[1]
Salicylat (quantitativ)	Eisen-III-nitrat	Photometer	4	1,27		[1]
Saure LeukocytenPhosphatase	manuell		40	8,2	3683	ohne Anfertigung des Ausstrichs
Saure Phosphatase + Prostataphosphatase	4-Nitrophenylphosphat als Profil (pro Probe)	photometrischer Meßplatz	8	3,3	3598	
SCC	RIA Abbott Nr. 1066-22	Multigamma LB 2104 (Berthold)	8	0,67	3909	
		IMX (Abbott)	5	0,4	3909	
Schwangerschaftstest	Obj. Schnelltest		3	3,5	3529	
SDS-Elektrophorese	siehe Proteinfraktionen i. Urim					
Sekretin-Pankreozymin-Test			37	25,0		[3]
smIg-Zellen (surface membrane immunoglobulin)	pro Probe (durchschn. 3 Antikörper)	Fluoreszenzmikroskop	6	40,0	3698	
Somatomedin (im K-EDTA-Plasma)	RIA (IRE, Nickels Institut)	Multigamma LB 2104 (Berthold)	13	1,2	4060	mit Extraktion
STH	RIA, Pharmacia Nr. 10-6409-01	Multigamma LB 2104 (Berthold)	8	0,95	4043	
Stuhl auf Albumin	BM Test-Meconium BM Nr. 1562415		3	0,71		
Stuhl auf Auswertung			2	4,5		
Stuhl auf Blut	Haemocult nur Austesten der "Testbriefe"		3	0,18	3650	
Sudanschw.-Färbung			12	7,4	3683	ohne Anfertigung des Ausstriches

Tabelle 8.1 Konsensuswerte der analytbezogenen direkten Peronalzeiten

Analyt	Methode	Gerät	t_r	t_v	GOÄ	Bemerkungen
T3	RIA, DPC Nr. KT3D5	Multigamma LB 2104 (Berthold)	8	0,50	4032.H4	
	LIA/SPALT (Behring)	Luminometer (Berthold)	12	0,80	4032.H4	
T4	FPIA	TDX (Abbott)	6	0,90	4031.H4	
	RIA		3	0,38	4031.H4	
TBG	RIA, Corning Nr. 474096	Multigamma LB 2104 (Berthold)	8,0	0,67	3766	
	IMA LIA (Fa. Henning)	Luminometer (Berthold)	13	0,67	3766	
TBK	FPIA	TDX (Abbott)	6	0,90	4029	
			6	2,4	4029	mit Proben-sortierung
TEG		Thrombelastograph	6	1,6	3957	
Testosteron	RIA, Solid phase DPC	Multigamma LB 2104 (Berthold)	8	0,65	4042	
Testosteron - frei	RIA, Solid phase DPC TKTT 1	Multigamma LB 2104 (Berthold)	8	0,65	4042	
Thallium quantitativ	Photometrisch mit Rhodamin B nach Hydrolyse und Extraktion	PM	17	3,45		[1]
Thrombozyten	Kammerzählung	Mikroskop	1	6,0		
		Ultra Flo 100 (Becton Dickinson)	13	1,1		
Thrombocy-tenadhäsion		Adeplat Semmelweiss	5	18,0		
Thrombocy-tenaggregation		Aggregometer ELVI	17	12,5	3961	
Thyreo-globulin (h-TG)	RIA (DAK/PEK), DPC Nr. KTGD1	Multigamma LB 2104 (Berthold)	8	0,96	4070	
TPA	IRMA, Byk-Sangtec	Multigamma LB 2104 (Berthold)	8	0,67	3911.H3	
TPZ (Thrombo-plastinzeit, Quick)		Coatron F	7	0,79	3607	
		ACL 300 (IL)	8,1	0,44	3607	
		Fibrintimer A	28	0,13	3607	
	koagulometrisch	KC 10	4	0,35	3607	
	(Hepato Quick)	KC 10	4	0,39	3607	
	koagulometrisch	KC 40	40	0,19	3607	
	koagulometrisch	KC 40 PC mikro	17	0,19	3607	
		Schnitger u. Gross	4	0,66	3607	

Tabelle 8.1 Konsensuswerte der analytbezogenen direkten Peronalzeiten

Analyt	Methode	Gerät	t_f	t_v	GOÄ	Bemerkungen
Triglyzeride	vollenzymatisch	LKB 8600 mit Drucker	38	1,25	3564.H1	
Trypsin	RIA Behring Nr. OCFE 06	Multigamma LB 2104 (Berthold)	8	0,67	3796	
TSH	LIA SPALT (Behring)	Luminometer (Berthold)	16	0,67	4030	
	RIA		1	0,53	4030	
TSH-Rezeptor Antikörper	RIA, Byk-Sangtec	Multigamma LB 2104 (Berthold)	8	1,4	3877	
Tyrosin + Phenylalanin	HPLC incl. Proben-vorbereitung		25	7,8		als Profil (pro Probe)
TZ (Plasma-thrombinzeit)		Fibrintimer A	28	0,13	3606	
		Schnitger u. Gross	4	0,71	3606	
	koagulometrisch	KC 10 (Amelungen)	4	0,35	3606	
	koagulometrisch	KC 40 (Amelungen)	40	0,19	3606	
Urinanalyse mittels Teststreifen	qual. 1-fach Ablesung nach 1 Minute		1	0,35	3652	
	qual. 6-fach Ablesung nach 1 Minute		1	1,0	3652	Ziffer je Teststreifen-feld
	qual. 9-fach Ablesung nach 1 Minute		1	1,1	3652	Ziffer je Teststreifen-feld
Urinsediment	qualitativ incl. Zentrifugation	Mikroskop	2	1,5	3653	
Urobilinogen	Teststreifen		1	0,33		
Vitamin B$_{12}$	LIA (CLIA) (Ciba Corning)	Luminometer (Berthold)	16	1,3	4140	
	MEIA (mit Extraktion)	IMX (Abbott)	5	1,0	4140	
Vit.B$_{12}$ + Folsäure	RIA Corning Nr. 474287	Multigamma LB 2104 (Berthold)	8	0,84	4140	
Vitamin D	RIA	Multigamma LB 2104 (Berthold)	10, 5	2,1	4138 4139	
VMS	HPLC incl. Proben-vorbereitung		26	9,3	4077	
	Säulenchrom. (Brinkmann) Biochem. Diagn. 3507000-1	PM	22	7,5	4077	

Tabelle 8.1 Konsensuswerte der analytbezogenen direkten Peronalzeiten

Analyt	Methode	Gerät	t_f	t_v	GOÄ	Bemerkungen
Zellen im Liquor, Urin	Kammerzählung	Mikroskop	1	6,5	3654	
Zink	Brom-PAPS-Komplex WAKO Nr. 435-14909	Eppend. PM 6114, 5260, 6522	4	1,8		

---

[1] Personalzeiten entnommen aus: Einfache toxikologische Laboratoriumsuntersuchungen bei akuten Vergiftungen.(Gibitz und Schütz 1995)

[2] Personalzeiten entnommen aus:Bestimmung von Ethanol im Serum.(Gibitz und Schütz 1993)

[3] Eine Untersuchung besteht aus 6 Analysen: Bicarbonat, Lipase, Trypsin, Amylase in 4 Fraktionen. Hier wurden ausnahmsweise nicht die durchgeführten Analysen, sondern der Gesamttest als Zählobjekt eingesetzt.

8.2 Konsensuswerte der direkten Personalzeiten bei mechanisierten Analysensystemen

Die einzelnen Personalzeiten sind analytunabhängig durch die Anforderungen der Analysensysteme vorgegeben. Die variablen Zeiten berücksichtigen nur die arbeits-platzspezifischen Anteile. Zusätzliche Arbeitsschritte, wie z. B. Zentifugieren bzw. Enteiweißen einer Probe, müssen durch die Zeitbausteine erfaßt werden. Analysensysteme, bei denen die Personalzeiten von den untersuchten Analyten abhängen, finden sich in Tabelle 8.1.

Tabelle 8.2 Konsensuswerte der direkten Personalzeiten bei automatisierten Analysensystemen

Gerät (Hersteller)	t_f	t_v	Bemerkungen	Methode
ACA III (Dupont)	30	1,1		
ACS- 180 (Ciba Corning)	12,2	0,2		
Astra 8 (Beckman)	11	0,47	Zeiten pro Probe	
AU 5000 (Olympus)	56	0,01	mit ISE- Einheit, bidirektionaler Betrieb	
Axsym (Abbott)	3,4	0,01		
BNA (Behring)	15	0,4	Zeiten pro Analyt	Turbidimetrie
Chem 1 (Technicon)	12	0,03	Zeiten pro Analyt	
Cobas Integra (Roche)	19	0,02	Zeiten pro Analyt bei durchschnittlich 8 Analyten pro Probe	

Tabelle 8.2 Konsensuswerte der direkten Personalzeiten bei automatisierten Analysensystemen

Gerät (Hersteller)	t_f	t_v	Bemerkungen	Methode
CX 7 Delta (Beckman)			Der CX 3- und der CX 4-Teil müssen getrennt berücksichtigt werden	
CX 3- Teil	12,7	0,2	Zeiten pro Probe	
CX 4- Teil	15,5	0,03	Zeiten pro Analyt	
Dimension (Dupont)	27	0,5	pro Analyt mit Na, K durchschnittl. 7 Analyte pro Probe	
EMIT-ST (Syva)	4	2,7		
Fibrintimer A (Behring)	28	0,13	Zeiten pro Analyt	
Hitachi 705	40	0,06	Zeiten pro Analyt	
Hitachi 717	50	0,02	pro Analyt bei durchschnittlich 6,5 Analysen pro Probe	
Hitachi 737	100	0,06	pro Analyt mit Na, K, Cl (durchschnittl. 7 Analyte pro Probe)	
Hitachi 747	30	0,06	pro Analyt, mit Na, K, Cl	
IL-Phoenix	2,9	0,22	8-Parameter Notfall-Gerät	
IMX (Abbott)	5	0,4	Zeiten pro Analyt	
Monarch 200 (IL)	13	0,03	Zeiten pro Analyt	
OPUS Immunoassy-System (Behring)	2,1	0,26		
RA 1000 (Technicon)	34	0,30	pro Analyt, 8 Analyte in 3 Kombinationen	
RA 1000 Tandem (Technicon)	25	0,30	pro Analyt, 8 Analyte in 3 Kombinationen	
Reflotron	12	0,50	Zeiten pro Analyt	
Seralyzer III (Bayer/Ames)	12	0,82	pro Analyt, mit Vorverdünnung	
Shimadzu CL 7000	13	0,01	Zeiten pro Analyt	
Spectrum (Abbott)	40	0,08	Zeiten pro Analyt	
Stago STA-Gerinnungsanalysr (Boehringer Mannheim - online-Betrieb	12	0,09	Zeiten pro Analyt bei durchschnittlich 2,4 Analysen pro Patient	[1]
- offline-Betrieb	13	0,27	Zeiten pro Analyt bei durchschnittlich 2,4 Analysen pro Patient	[1]
Turbitimer (Behring)	2	2,0	Proteine ohne Probenvorverdünnung	
	2	2,7	Proteine mit Probenverdünnung	
Urotron RL 9 (Boehringer Mannheim)	9	0,6	Urinstatus, pro Teststreifen	

Tabelle 8.2 Konsensuswerte der direkten Personalzeiten bei automatisierten Analysensystemen

Gerät (Hersteller)	t_f	t_v	Bemerkungen	Methode
Vitros (Ektachem) DT 60/ DTSC (Johnson & Johnson)	10 10	0,57 0,83	Substrate, Enzyme, Elektrolyte	
Vitros (Ektachem) 700 (Johnson & Johnson)	14	0,06	pro Analyt, durchschnittlich 3 Analyte pro Probe	

[1]Personalzeiten entnommen aus: Berichte der Österreichischen Gesellschaft für Klinische chemie, Jg.18 (1995) 84-85

8.3 Empfohlene komplexe Zeitbausteine pro Analyse in Minuten

Die Tabelle 8.3 zeigt für einige häufig im Laboratorium anfallende Tätigkeiten die empfohlenden direkten Personalzeiten.

Tabelle 8.3   Konplexe Zeitbausteine

Kürzel	Zeitbaustein	min.
Z 1	Anlegen einer Arbeitsplatzliste, je Datensatz	0,21
Z 2	Übertragen von Werten von einem Geräteausdruck in Ergebnislisten, je Ergebnis	0,05
Z 3	Übertragen von Werten aus einer Ergebnisliste (Arbeitsplatzliste) auf Befundberichte. Befundberichte liegen sortiert vor	0,07
Z 4	Übertragen eines Geräteausdrucks in eine Ergebnisliste. Reihenfolge des Ausdrucks ist nicht identisch mit der Ergebnisliste	0,08
Z 5	Beschriften von ausgedruckten Befundberichten mit Namen und Stationsangabe	0,17
Z 6	Schreiben eines vollständigen Befundberichtes mit Ergebnis, Namen und Stationsangabe	0,22
Z 7	Sortieren ungeordnet eintreffender Probengefäße (bereits numeriert)	0,07
Z 8	Probenidentifikation mittels fortlaufender Tagesnummer	0,58
Z 9	Zentrifugation einer enteiweißten Probe und Abpipettieren des Überstandes	0,58
Z 10	Enteiweißen einer Probe, Zentrifugieren und Abpipettieren des Überstandes	1,17
Z 11	Herstellen eines Hämolysates	0,50
Z 12	off-line Eingabe von Daten aus einer Ergebnisliste	0,20
Z 13	Freigabe von on-line übernommenen Daten einschließlich der Beurteilung der Qualitätskontrollmessungen, Einzelwert	0,10
Z 14	Freigabe von on-line übernommenen Daten einschließlich der Beurteilung der Qualitätskontrollmessungen, Profil	0,13
Z 15	Freigabe von Daten ohne EDV einschließlich Beurteilung der Qualitätskontrolle	0,03
Z 16	off-line Eingabe eines vollständigen Patientendatensatzes (Name, Vorname, Geburtsdatum; bis zu 4 Analyseneinträge)	0,50

8.4 Empfohlene Zeitbausteine pro Tätigkeit zur Berechnung der direkten Personalzeit nach Methode II

Die für verschiedene analytische Tätigkeiten empfohlenen Teilzeiten sind in Tabelle 8.4 aufgeführt. Die zugrunde liegenden Protokolle sind in der ersten Auflage des Buches, Abschnitt 8.6 wiedergegeben

Tabelle 8.4 Empfohlene Zeitbausteine in Minuten

Tätigkeit		Minuten
1. Pipettieren		
Kolbenhubpipette mit Direktverdrängungsprinzip (Capilettor)	20 µl Probe	0,1
Kolbenhubpipette	20 µl Probe	0,16
	50 µl Probe	0,18
	100 µl Probe	0,2
	500 µl Probe	0,21
	1000 µl Probe	0,22
	20-50 µl Reagenz	0,07
	100 µl Reagenz	0,08
	250-1000 µl Reagenz	0,10
	5000 µl Reagenz	0,13
Comfortpette	10 µl Probe	0,18
	10 µl Reagenz	0,10
Dispensette	1-10 ml	0,08
	10 ml	0,12
	10 x 10 Röhrchen einzeln geschüttelt	
Dosieren von Probenmaterial mit end-to-end Kapillare		0,50
Vollpipette	3 ml	0,58
	10 ml	0,70
Meßpipette	3 ml	0,25
	5 ml	0,28
	10 ml	0,47
Multipipette (Eppendorf)	200/500 µl	0,07
Einmalkapillare mit und ohne Pipettierhilfe	20 µl	0,28
Tropfen mit Pasteurpipette		0,10
Arbeiten mit automatischem Dilutor	500 µl + 25 µl	0,13
	4975 µl + 25 µl	0,27

Tabelle 8.4 Empfohlene Zeitbausteine in Minuten

Tätigkeit	Minuten
2. Photometrie	
Endpunktmessung Einmalküvette	0,28
Endpunktmessung mit Vorspülen Einzel- oder Absaugküvette	0,28
Halbmikroküvette ohne Vorspülen mit elektrischer Absausgpumpe	0,23
Halbmikroküvette ohne Vorspülen und Reagenzienleerwert mit elektrischer Absaugpumpe	0,23
Halbmikroküvette mit Vorspülen und Probenleerwert mit elektrischer Absaugpumpe	0,50
Halbmikroküvette mit Vorspülen und Reagenzienleerwert mit elektrischer Absaugpumpe	0,50
Mikrodurchflußküvette	0,30
Kinetische Messung mit Wechselautomatik über 3 Minuten, 6 Küvetten	0,73
Auswertung von kinetischen Messungen aus Einzelabsorbanzen	0,55
Auswertung kinetischer Messungen von Schreiberregistrierungen	0,58
Kinetische Messung mit Vorspülen Registrierung am Schreiber oder Drucker	3,55
Kinetische Messung ohne Vorspülen Registrierung am Schreiber oder Drucker	3,33
Meßwertverarbeitung nach Endpunktmessung Einzelküvette (Faktor errechnen)	0,17
Endpunktmessung in Probenkette mit E-Küvetten	0,12
Endpunktmessung, Start mit 1 Tropfen aus Tropfflasche	0,35
3. Zentrifugieren	
Be- und Endladen einer Mikrozentrifuge	0,08
Be- und Endladen einer Zentrifuge	0,07
Be- und Endladen einer Hämatokritzentrifuge	0,15
4. Mischen	
mittels Rotationsmischer	0,05
mittels Wirbelmischer, Reagenzienröhrchen	0,12
mittels Wirbelmischer, Mikrogefäße	0,12
Mischen eines Küvettenbandes in einem Thermomixer	0,05
Mischen mit einem Plümper in Küvetten	0,22
Mischen mit Einwegspatel in Küvetten	0,15
Mischen durch Verschließen und 5- maliges Kippen	0,10

Tabelle 8.4 Empfohlene Zeitbausteine in Minuten

Tätigkeit	Minuten
5. Urinanlysen	
Urinsediment, mikroskopisch	0,10
Urinsediment, Zellzählung in der Kammer	3,33
Urinanalyse mittels Teststreifen	
1- fach, Ablesung nach 1 Minute	0,35
6- fach, Ablesung nach 1 Minute	1,00
9- fach, Ablesung nach 1 Minute	1,08
6. Verschiedenes	
Nummerieren von Reagenzröhrchen	0,07
Nummerieren von Mikrogefäßen	0,05
Öffnen und Schließen von Mikrogefäßen	0,03
Öffnen und Schließen von Monovetten, Schraubverschluß	0,17
Dekantieren von Reagenzröhrchen	0,05
Füllen und Schmelzen einer 50 μl Kapillaren	0,37
Qualitativer Farbtest, Ablesen und Dokumentieren	0,08
pH- Einstellung am pH- Meter	2,83
Vorbereitung von Mikrochromatographiesäulen Glyc-Hb	0,25
Regenerieren von Mikrochromatographiesäulen Glyc-Hb	0,30

8.5 Beispiel zum Vergleich der Bestimmung der direkten Personalzeit mittels Methode I und Methode II

8.5.1 Analysenzeitermittlung für Glyc-Hb nach Methode I bei einer Serienlänge von 8

Tabelle 8.5.1 analysenzeiten für Glyc-Hb nach Methode I

Arbeitsschritt		Minuten
1.	4 Bechergläser und Kontrollprobe holen; Reagenzglasständer, Pipetten und Spitzen bereitstellen	4:03
2.	Je 3x Reagenzgläser beschriften für 8 Analysen	1:19
3.	Säulenvorbereitung	1:56
4.	Hämolysat herstellen	3:08

Tabelle 8.5.1 Analysenzeiten für Glyc-Hb nach Methode I

Arbeitsschritt	Minuten
5. Analyse:	
1. Durchgang: je 2 ml Waschlösung pipettieren	1:03
2. Durchgang: Vorlage untersetzen, 50 μl Hämolysat und 500 μl	2:53
Waschlösung pipettieren	1:17
3. Durchgang: 5 ml Waschlösung pipettieren	1:25
4. Durchgang: Vorlage wechseln und 3 ml Elutionspuffer pipettieren	
6. Regenerieren:	
1. Durchgang: 5 ml Regenerierlösung pipettieren	1:08
2. Durchgang: 2 ml Regenerierlösung pipettieren und Säulen schließen	2:28
7. Photometer einschalten und ausschalten	0:58
8. Messung (je Analyse 2 Messungen)	4:45
9. Aufräumarbeiten	3:43
10. Berechnen der Ergebnisse	2:39
11. Übertragung der Arbeitsliste auf Befundbericht	0:54
Gesamtzeit	34,65

Die Arbeitsschritte Nr. 2, 3, 4, 5, 6, 8, 10, 11 sind als variable Zeiten anzusehen. Daraus errechnet sich für die 8 Analysen eine variable Zeit t_v von 25,92 Minuten. Fixe Zeiten sind die Nr. 1, 7, 9. Daraus ergibt sich eine fixe Zeit t_f von 8,73 Minuten.

8.5.2 Analysenzeitermittlung nach Methode II

Die entsprechenden Teilzeiten (Tabelle 8.5.2) sind in dem Ermittlungsbogen eingetragen. Es resultiert daraus eine variable Zeit pro Analyse von 200 Sekunden. Bei 8 Analysen (Kapitel 8.5.1) errechnet sich eine variable Zeit von 1600 Sekunden, entsprechend 26,67 Minuten in guter Übereinstimmung mit der nach Methode I (25,92 Minuten) gemessenen Zeit.

Tabelle 8.5.2 Ermittlung der direkten Personalzeit nach Methode II für Glyc-Hb.

Arbeitsschritt			Sekunden
1	3x Reagenzgläser nummerieren		9
2	Hämolysat herstellen		34
3	Säulen vorbereiten		15
4	Pipettierungen (wäßrig)	2 ml	5
5		50 μl	5
6		500 μl	5
7		5 ml	8
8		3 ml	5
9	2x mischen durch Verschließen und kippen		38
10	Messen (2x) Endpunkt mit Vorspülen, Einzelküvette		34
11	Berechnung		18
12	Übertragen auf Befundbericht		4
13	Regenerieren der Säule		20
		Gesamt	200

9 Literatur

Bayer PM, Berger G, Fischer G, Haider A, Hajdusch P, Hotscheck H (1988) Evaluierung des selektiven Chemie-Analysengerätes Hitachi-717. Österr. Krankenhauszeitung 29:611-627

Fischer M, Bayer PM, Engelhardt W, Fischer G, Nitsch P (1982) Eine Methode zur Erstellung eines Personalplanes im klinischen Laboratorium. Österr. Krankenhaus-Zeitung 23:305-332

Fischer M, Bayer PM, Fischer G (1987a) Eine Methode zur Erstellung eines Personalplanes im klinischen Laboratorium. In: Osburg K (Hrsg) Personalbedarf und Kosten im Medizinischen Laboratorium. INSTAND Schriftenreihe Band 1, 3. Aufl., Springer, Berlin Heidelberg New York, S 123-157

Fischer G, Bayer PM, Hajdusch P, Hotschek H, Fischer M, Treml C, Wolfert H (1987b) Ermittlung praxisnaher Zusatzraten und des Personalbedarfs von Analysenautomaten in der klinsichen Chemie. Österr. Krankenhauszeitung 28:399-408

Gibitz HJ, Ashby JP, Barclay JE, Goldschmidt HM, Haeckel R, Stewart J, Sieben G, (1993) Guideline for cost analyzers in clinical laboratories. In: (R.Haeckel, ed) Evaluation of Methods in Laboratory Medicine. VCH Verlag Weinheim, S 277-294

Gibitz HJ, Degel F, Hallbach J, Kulpmann WR (1995): Strategie der klinisch-Toxikologischen Analytik. In:Gibitz HJ, Schütz H (Hrsg) Einfache toxikologische Laboratoriumsuntersuchungen bei akuten Vergiftungen. VCH Verlag, Weinheim, S 35-53

Gibitz HJ, Schütz H (1993) Bestimmng von Ethanol im Serum.VCH Verlag,Weinheim, S.92

Haeckel R, Höpfel P, Höner G (1974) Wirtschaftlichkeit von mechanisierten Analysensystemen. Z Klin Chem Klin Biochem 12:14-22

Haeckel R, Fischer G, Fischer M, Gergely T, Gibitz HJ, Osburg K, Weidemann G (1984) Vorschläge zur Definition von Zeitbegriffen. Dt Ges Klin Chemie-Mitteilungen 15:187-192

Haeckel R, Fischer G, Fischer M, Gibitz HJ, Hinsch W, Osburg K, Weidemann G (1986a) Vorschlag zur Erfassung von Analysenzahlen. Dt Ges Klin Chemie-Mitteilungen 17:61-64

Haeckel R, Busch EW, Jennings RD Kokholm G, Truchaud A (1986b) Guidelines for the evaluation of analyzers in clinical chemistry. ECCLS document Vol 3, No 2, Beuth, Berlin und Köln

Haeckel R, Bayer PM, Fischer G, Fischer M, Gibitz HJ, Hinsch W, Osburg K, Weidemann G (1986c) Beschreibung eines Verfahrens zur Erfassung von direkten Personalzeiten. Dt Ges Klin Chemie-Mitteilungen 17:329-337

Haeckel R (1989) Personalbedarfsplanung und -ermittlung. In: Delbrück A (Hrsg)

Planung und Management im klinisch-chemischen Laboratorium, W. Zuckschwerdt, München, S 74-87

Haeckel R (1992) Ermittlung des Personalbedarfs - Neues Konzept -.INSTAND Schriftenreihe Band 8, Springer, Berlin Heidelberg, 91-155.

Linder A (1951) Statistische Methoden für Naturwissenschaftler, Mediziner und Ingenieure, Birkhäuser, Basel

Magnus K (Hrsg) Das Refa-Buch, Bd. 2. Zeitvorgabe. C Hanser, München, S 1-119

Odpadlik M, Bayer PM Evaluierung des koagulometrischen Gerinnungsautomaten Fibrintimer A. Berichte der ÖGKC 16 (1993), 145-151

Osburg K (1987) Bewertungssystem zur Ermittlung des Personalbdarfs im medizinischen Laboratorium. In: Osburg K (Hrsg) Personalbedarf und Kosten im Medizinischen Laboratorium. INSTAND Schriftenreihe Band 1, 3. Aufl., Springer, Berlin Heidelberg New York, S 37-122

Reinhard P (1991) Das organisierte Labor. GIT Verlag GmbH, Darmstadt, 1-158

Schumann G, Haeckel R (1987) CAP Workload Recording Method. In: Osburg K (Hrsg) Personalbedarf und Kosten im Medizinischen Laboratorium. INSTAND Schriftenreihe Band 1, 3. Aufl., Springer, Berlin Heidelberg New York, S 158-175

Stola R, Aspöck G: Zeiterhebung am STA-Gerinnungsanalyser. Berichte der ÖGKC 18 (1995), 84-85

Weidemann G (1992): Analysenstatistik. In Haeckel R (Hrsg): Ermittlung des Personalbedarfs - Neues Konzept - INSTAND Schriftenreihe Band 8, Springer Verlag, Berlin - Heidelberg, S 5-12.

Werner M (1982) Grundlagen von Kosten-Nutzenuntersuchungen (Diskussionsbemerkung). In: Lang H, Rick W, Büttner H (Hrsg) Strategien für den Einsatz klinisch-chemischer Untersuchungen, Springer Berlin Heidelberg New York, S 26-27

Wüst H (1985) Leistungsstatistik in Klinischen Laboratorien. I. Definition und Kennzeichnung der Zählobjekte, statistische Leistungszuordnung. Lab Med 9:264-266, 403-405

10 Leistungsverzeichnis des Medizinischen Laboratoriums

W.Stein

10.1 Erklärung des Nummernschlüssels

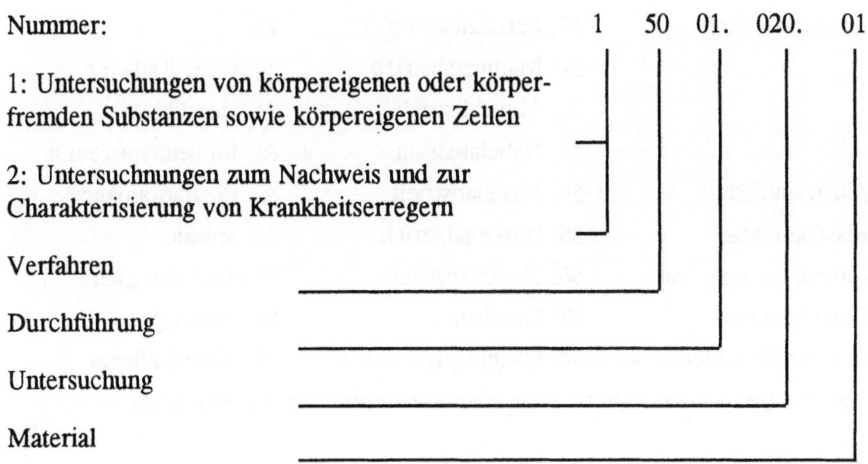

Katalog der Materialien

01: Serum, Plasma	30: Perikardpunktat	59: Parotisabstrich
02: Vollblut	31: Pleurapunktat	60: Penisabstrich
03: Urin	32: sonst.Punktat	61: Plazentaabstrich
04: Stuhl	33:	62: Pustelabstrich
05: Liquor cerebrosp.	34:	63: Rachenabstrich
06. Knochenmark	35: Analabstrich	64: Rektumabstrich
07: Ejakulat	36: Armabstrich	65: Rückenabstrich
08: Fruchtwasser	37. Augenabstrich	66. Stumpfabstrich
09: Galle	38: Bauchhöhlenabstrich	67. Tonsillenabstrich

Katalog der Materialien

10: Magensaft	39:Barthol.-Drüsenabstrich	68: Tracheaabstrich
11: Mekonium	40: Beinabstrich	69: Ulcusabstrich
12: Muttermilch	41: Brust-/Thoraxabsrich	70: Vaginalabstrich
13: Nabelschnurblut	42: Cervixabstrich	71: Urethraabstrich
14: Spongiosa	43: Douglasabstrich	72: Wundabstrich
15: Abszeßeiter	44: Drainageabstrich	73: Zungenabstrich
16: Broncho-alv.Lavage	45: Finger-/Hansabstrich	74: Sonst.Abstrich
17: Drainagenflüssigkeit	46: Gallenblasenabstrich	75:
18: Fistelflüssigkeit	47: Hautabstrich	76:
19: Sputum	48: Hodenabstrich	77:
20: Tracheobonchialsekret	49: Hüftabstrich	78:
21: sonstiges Sekret	50: Leisenabstrich	79:
22:	51: Mammaabstrich	80: Cava-Katheter
23:	52: Mundabstrich	81: Herzklappe
24:	53: Nabelabstrich	82: Katheterspitze o.a.
25: Aszitespunktat	54: Nasenabstrich	83: Pleuradrainage
26: Blasenpunktat	55: Narbenabstrich	84: Spirale
27: Gallenblasenpunktat	56: Nierenabstrich	85: Spülflüssigkeit
28: Gelenkpunktat	57: Ohrabstrich	86. Tubusspitze
29:Nasennebenhöhlenpunkt.	58: Ösophagusabstrich	87: Venenkatheter

90 - 99 sonstiges Material (vorläufige laboratoriumsinterne Numerierung)

Anmerkung: Die Punkte in der Nummer stellen *keine* Kommastellen dar, sie dienen einzig der besseren Lesbarkeit im Katalog.

Beispiel:

15001.020.01   Qualitative Agglutinationsreaktion [15001] zur Bestimmung der Fibrinspaltprodukte (Dimertest) [020] im Serum oder Plasma [01]. (Die Kennzeichnung des Materials ist im Katalog weggelassen)

10.2 Verzeichnis

10.2.1 Untersuchungen von körpereigenen oder körperfremden Substanzen sowie körpereigenen Zellen mit Hilfe von

15000.	Agglutinations- oder Fällungsreaktionen
15001.	qualitativ
15002.	semiquantitativ
15003.	zum Nachweis von Blutgruppenantigenen bzw. -antikörpern
15100.	Aggregometrie
15200.	Aräometrie
15300.	Atomabsorptionsspektrometrie
15400.	Bakterienwachstumstests
15500.	Biosensormessungen
15600.	Coulometrie und Voltametrie
15700.	Dünnschichtchromatographie
15800.	Durchflußzytometrie
15900.	Elektrophoretische Verfahren
16000.	Flammenemissionsphotometrie
16100.	Fluorimetrie
16200.	Funktionsteste
16300.	Funktionsuntersuchungen am Patienten (Bedside-Tests)
16400.	Gaschromatographie
16500.	Gaschromatographie-Massenspektrometrie
16600.	Hochleistungsflüssigkeitschromatographie
16700.	Immundiffusion (radiale), Elektroimmundiffusion, Nephelometrie oder Turbidimetrie
16701.	qualitativ
16702.	quantitativ
16800.	Infrarotspektrometrie
16900.	Koagulometrie
17000.	Komplementbindungsreaktion
17100.	Lichtmikroskopie
17101.-17103.	Lichtmikroskopie, qualitativ
17104.	Lichtmikroskopie, semiquantitativ
17105.-17106.	Lichtmikroskopie, quantitativ
17107.-17109.	Lichtmikroskopie mit Fluoreszenz- (Immunfluoreszenz) oder anderer Markierung
17110.	Lichtmikroskopische Chromosomenanalyse
17200.	Ligandenassays (z.B. Enzym-, Chemilumineszenz-, Fluoreszenz-, Radioimmunoassay)
17201.	Ligandenassay, qualitativ
17202.	Ligandenassay, semiquantitativ
17203.	Ligandenassay, quantitativ

17300.	Lumineszenzmessungen
17400.	Lysis und Lysisreaktionen
17500.	Magnetresonanz (NMR)
17600.	Molekularbiologische Verfahren
17601.	Identifizierung von humanen DNA/RNA-Fragmenten mittels Hybridisierung
17602.-17603	Identifizierung von humanen DNA/RNA-Fragmenten mittels Amplifikation
17604.	Identifizierung von Amplifikaten mittels Gelelektrophorese
17605.	Identifizierung von Amplifikaten mittels Hybridisierungsverfahren
17606.	Identifizierung von Amplifikaten mittels DNA-Sequenzermittlung
17700.	Osmometrie
17800.	Partikeleigenschaftenbestimmungen
17801.	Partikelgrößenmessungen, elektronisch
17802.	Partikelzählung, elektronisch oder optisch-elektronisch
18000.	Photometrie
18002.	nach vorangegangener säulenchromatographischer Trennung
18100.	Potentiometrie
18200.	Reflektometrie und Reagenzträger
18300.	Rezeptorassays
18400.	Rheologie
18500.	Röntgendiffraktion
18600.	Sedimentation
18700.	Spektralphotometrie
18800.	Titrimetrie
18900.	Ultrazentrifugation
19000.	Visuelle Verfahren
19100.	Zellkultivierung
19200.	Zellfunktion
19300.	Zentrifugation

10.2.2 Untersuchungen zum Nachweis und zur Charakterisierung von Krankheitserregern

20000.	Untersuchungen zum Nachweis und zur Charakterisierung von Bakterien
20100.	Untersuchungen im Nativmaterial
20101.	Agglutinationsreaktion
20102.	Durchflußzytometrie
20103.	Lichtmikroskopie ohne Anfärbung
20104.	lichtmikroskopische Untersuchung mit Anfärbung qualitativ

20105.	lichtmikroskopische, immunologische Untersuchung zum Nachweis von Bakterien mit Fluoreszenz-, Enzym- oder anderer Markierung
20106.	Ligandenassay zum Nachweis von Bakterienantigenen, qualitativ
20107.-20111.	Molekularbiologische Verfahren
20200.	Züchtung/Gewebekultur
20300.	Identifizierung/Typisierung
20301.	orientierend
20302.-20303.	einfache/aufwendige Verfahren
20304.	Mehrtestverfahren
20305.-20306.	erweiterte bunte Reihe
20307.-20309.	Mikroskopie
20310.	Ligandenassay
20311.-20313.	Gaschromatographie
20314.	Agglutination
20315.	Phagentypisierung
20316.-20324.	Molekularbiologische Identifizierung
20321.	teil- und vollmechanisierte Verfahren für Blutkulturen, Tb u.a.
20400.	Toxinnachweis
20500.	Keimzahl
20600	Empfindlichkeitstestung

21000.   Untersuchungen zum Nachweis und zur Charakterisierung von Viren

21100	Untersuchungen im Nativmaterial
21101	Agglutinationsreaktion
21102	lichtmikroskopische Untersuchung, qualitativ
21103	lichtmikroskopische, immunologische Untersuchung
21104	Elektronenmikroskopischer Nachweis und Identifizierung
21105	Ligandenassay
21106.-21111.	Molekularbiologische Verfahren
21200.	Züchtung
21300.	Identifizierung/Charakterisierung
21301.	Einfache Verfahren
21302.	Hämabsorption, Hämagglutination, Hämagglutinationshemmung
21303.	Neutralisationstest
21304.	Immunoblotting
21305.-21310 .	Molekularbiologische Verfahren
21311.	lichtmikroskopische, immunologische Untersuchungen
21312.	Elektronenmikroskopie
21313.	Ligandenassays

22000.   Untersuchungen zum Nachweis und zur Charakterisierung von Pilzen

22100.	Untersuchungen im Nativmaterial
22200.	Züchtung
22300.	Identifizierung/Charakterisierung
22301.	Röhrchen- oder Mehrkammerverfahren
22302.	erweiterte bunte Reihe
22303.	Lichtmikroskopie
22304.-22309	molekularbiologische Verfahren
22400.	Empfindlichkeitstestung

23000.   Untersuchungen zum Nachweis und zur Charakterisierung von Parasiten

23100.	Untersuchungen im Nativmaterial oder nach Anreicherung
23200.	Züchtung
23300.	Identifizierung
23400.	Xenodiagnostische Untersuchungen

10.3 Katalog

10.3.1 Untersuchungen von körpereigenen oder körperfremden Substanzen sowie körpereigenen Zellen mit Hilfe von

15000.   Agglutinations- oder Fällungsreaktionen

15001.   Agglutinationsreaktion, oder Fällungsreaktion (z.B. Hämagglutination, Hämagglutinationshemmung, Latexagglutination, Bakterienagglutination) zum Nachweis von Antigenen/Haptenen oder Antikörpern, qualitativ

Katalog

15001.001	Agglutinierende Antikörper (WIDAL-Reaktion)
15001.002	Antikörper gegen Brucellen
15001.003	Antikörper gegen Campylobacter/Helicobacter
15001.004	Antikörper gegen Candida albicans
15001.005	Antikörper gegen Epstein-Barr-Virus (heterophile Antikörper = PAUL-BUNNELL-Test)
15001.006	Antikörper gegen Fc von IgM (Rheumafaktor)
15001.007	Antikörper gegen Francisellen
15001.008	Antikörper gegen Legionella pneumophila
15001.009	Antikörper gegen Leptospiren
15001.010	Antikörper gegen Listerien
15001.011	Antikörper gegen Rickettsien (WEIL-FELIX-Reaktion)
15001.012	Antikörper gegen typhöse Salmonellen-H-Antigene

15001.013   Antikörper gegen typhöse Salmonellen-O-Antigene
15001.014   Antikörper gegen Staphylolysin
15001.015   Antikörper gegen Streptolysin
15001.016   Antikörper gegen Thyreoglobulin (TGAK, TAK)(Boydentest)
15001.017   Antikörper gegen Treponema pallidum (TPHA oder Cardiolipin-
             mikroflockungstest, VDRL-Test)
15001.018   Antikörper gegen Vibrio cholerae
15001.019   Antikörper gegen Yersinien
15001.020   Fibrinogenspaltprodukte
15001.021   Fibrinspaltprodukte, quervernetzt (Dimertest)
15001.022   Schwangerschaftstest
15001.023 - .899   nicht besetzt
15001.900 - .999   vorläufige laboratoriumsinterne Nummerierung von
             Untersuchungen analogen Aufwandes

15002.   Agglutinationsreaktion oder Fällungsreaktion (z.B.
             Hämagglutination, Hämagglutinationshemmung, Latexagglutination,
             Bakterienagglutination) zum Nachweis von Antigenen/Haptenen
             oder Antikörpern, semiquantitativ
Katalog
15002.001   Agglutinierende Antikörper (WIDAL-Reaktion)
15002.002   Antikörper gegen Brucellen
15002.003   Antikörper gegen Campylobacter/Helicobacter
15002.004   Antikörper gegen Candida albicans
15002.005   Antikörper gegen extrahierbares, nukleäres Antigen (ENA)
15002.006   Antikörper gegen Fc von IgM (Rheumafaktor)
15002.007   Antikörper gegen Francisellen
15002.008   Antikörper gegen Legionellen
15002.009   Antikörper gegen Leptospiren
15002.010   Antikörper gegen Listerien
15002.011   Antikörper gegen Röteln-Virus
15002.012   Antikörper gegen Salmonellen-H-Antigene
15002.013   Antikörper gegen Salmonellen-O-Antigene
15002.014   Antikörper gegen Staphylolysin
15002.015   Antikörper gegen Streptolysin
15002.016   Antikörper gegen Thyreoidea
             (Mikrosomen TMAK, TAK; Peroxidase hTPO)
15002.017   Antikörper gegen Thyreoglobulin (TGAK, TAK)
15002.018   Antikörper gegen Treponema pallidum (TPHA,
             Cardiolipinmikroflockungstest, VDRL-Test)
15002.019   Antikörper gegen Vibrio cholerae
15002.020   Antikörper gegen Yersinien
15002.021   Fibrinogenspaltprodukte
15002.022   Fibrinspaltprodukte, quervernetzt (D-Dimertest)
15002.023   Luteotropin (LH)
15002.024   Myoglobin

15002.025 - .899   nicht besetzt
15002.900 - .999   vorläufige laboratoriumsinterne Nummerierung von
                     Untersuchungen analogen Aufwandes

15003.   Agglutinationsreaktion zum Nachweis von Blutgruppenantigenen
                    bzw. -antikörpern
Katalog
15003.001   Bestimmung der ABO-Merkmale
15003.002   Bestimmung der Isoantikörper
15003.003   Bestimmung des Merkmals D mit monoklonalen oder polyklonalen
            Antikörpern aus einer Erythrozytensuspension (einschließlich Kontrolle)
15003.004   Bestimmung der Merkmale CcEe mit monoklonalen oder polyklonalen
            Antikörpern aus einer Erythrozytensuspension (gegebenenfalls
            einschließlich Inkubation bei 37 °C)
15003.005   Bestimmung weiterer Merkmale wie Cw, CDE, D-Varianten mit
            monoklonalen oder polyklonalen Antikörpern aus einer
            Erythrozytensuspension (gegebenenfalls einschließlich Inkubation bei 37
            °C) (je mitgeteiltem Ergebnis)
15003.006   Bestimmung der Merkmale MN
15003.007   Bestimmung des Merkmals P1
15003.008   Bestimmung der Lewis Merkmale
15003.009   Bestimmung eines weiteren Merkmals aus einer Erythrozytensuspension
            im NaCl-Milieu
15003.010   Bestimmung eines weiteren Merkmals (z.B. Lewis, D-Varianten) im
            Enzym-Milieu (je mitgeteiltem Ergebnis)
15003.011   Bestimmung der Merkmale Kell, Cellano, Penney, Rautenberg in der
            indirekten Coombs-Technik (je mitgeteiltem Ergebnis)
15003.012   Bestimmung der Duffy-Merkmale in der indirekten Coombs-Technik
15003.013   Bestimmung der Kidd-Merkmale in der indirekten Coombs-Technik
15003.014   Bestimmung der Ss-Merkmale in der indirekten Coombs-Technik
15003.015   Bestimmung des Merkmals Du in der indirekten Coombs-Technik
15003.016   Bestimmung der D-Varianten in der indirekten Coombs-Technik
15003.017   Bestimmung eines weiteren Merkmals in der indirekten Coombs-
            Technik
15003.018   Antikörpersuchtest mit mindestens zwei Antigenmustern
15003.019   Antikörpersuchtest mit mindestens drei Antigenmustern
15003.020   Antikörperdifferenzierung in der dem Antikörpersuchtest
            entsprechenden Technik mit wenigstens sieben verschiedenen
            Antigenmustern
15003.021   Antikörperdifferenzierung in der dem Antikörpersuchtest
            entsprechenden Technik mit wenigstens elf verschiedenen
            Antigenmustern
15003.022   Direkter Coombstest (je eingesetztem Antiserum)
15003.023   Verträglichkeitsprobe (Kreuztest) einschließlich indirektem Coombstest
            und AB0-D-Kontrolle des Patientenblutes
15003.024   Bestimmung temperaturabhängiger Antikörper (Kälteagglutinine)
15003.025   Antikörper-Absorption mit anschließender Antikörperdifferenzierung

15003.026   Antikörper-Elution mit anschließender Antikörperdifferenzierung im
            Eluat
15003.027   Nachweis von thrombozytären Antikörpern
15003.028   Nachweis von leukozytären Antikörpern
15003.029 - .899   nicht besetzt
15003.900 - .999   vorläufige laboratoriumsinterne Nummerierung

15100.   Aggregometrie

15101.   Aggregometrische Untersuchung
Katalog
15101.001   Ristocetin-Cofaktor, F VIII Rcof
15101.002   Thrombozytenaggregationstest
15101.003 - .899   nicht besetzt
15101.900 - .999   vorläufige laboratoriumsinterne Nummerierung von
            Untersuchungen analogen Aufwandes

15200.   Aräometrie

15201.   Aräometrische Untersuchung
Katalog
15201.001   Relative Dichte (Urin)
15201.002 - .899   nicht besetzt
15201.900 - .999   vorläufige laboratoriumsinterne Nummerierung von
            Untersuchungen analogen Aufwandes

15300.   Atomabsorptionsspektrometrie

15301.   Atomabsorptionsspektrometrische Untersuchung mit einfacher
            Probenvorbereitung
Katalog
15301.001   Calcium
15301.002   Magnesium
15301.003   Eisen
15301.004   Kupfer
15301.005   Zink
15301.006 - .899   nicht besetzt
15301.900 - .999   vorläufige laboratoriumsinterne Nummerierung von
            Untersuchungen analogen Aufwandes

15302.   Atomabsorptionsspektrometrische Untersuchung mit flammenloser
            Technik oder mit aufwendiger Probenvorbereitung (z.B. Extraktion,
            Komplexierung, Hydridgenerierung)
Katalog
15302.001   Aluminium
15302.002   Arsen

15302.003   Blei
15302.004   Cadmium
15302.005   Chrom
15302.006   Gold
15302.007   Kupfer
15302.008   Mangan
15302.009   Quecksilber
15302.010   Selen
15302.011   Thallium
15302.012   Vanadium
15302.013 - .899   nicht besetzt
15302.900 - .999   vorläufige laboratoriumsinterne Nummerierung von
                    Untersuchungen analogen Aufwandes

15400.   Bakterienwachstumstests

15401.   Bakterienwachstumstest, semiquantitativ
Katalog
15401.001   Phenylalanin (Guthrie-Test)
15401.002   Galaktose
15401.003   Leucin-Screening
15401.004   Methionin-Screening
15401.005 - .899   nicht besetzt
15401.900 - .999   vorläufige laboratoriumsinterne Nummerierung von
                    Untersuchungen analogen Aufwandes

15500.   Biosensormessungen

15501.   Biosensormessung (Funktionsmessung am Patienten).

15600.   Coulometrie und Voltametrie

15601.   Coulometrische Untersuchung
Katalog
15601.001   Chlorid
15601.002 - .899   nicht besetzt
15601.900 - .999   vorläufige laboratoriumsinterne Nummerierung von
                    Untersuchungen analogen Aufwandes

15602.   Voltametrische Untersuchung
Katalog
15602.001   Blei
15602.002   Cadmium
15602.003   Kupfer
15602.004   Schwermetallscreening
15602.005   Selen
15602.006   Thallium

15602.007   Zink
15602.008 - .899   nicht besetzt
15602.900 - .999   vorläufige laboratoriumsinterne Nummerierung von
                     Untersuchungen analogen Aufwandes

15700.   Dünnschichtchromatographie (DC)

15701   Dünnschichtchromatographische Untersuchung (ein- oder
          zweidimensional), qualitativ oder semiquantitativ
Katalog
15701.001   Aminosäuren
15701.002   Toxikologische Untersuchungen
15701.003   Vanillinmandelsäure (Urin)(VMA)
15701.004 - .899   nicht besetzt
15701.900 - .999   vorläufige laboratoriumsinterne Nummerierung von
                     Untersuchungen analogen Aufwandes

15702.   Dünnschichtchromatographische Untersuchung (ein- oder zwei-
           dimensional) mit vorangegangener Extraktion und/oder
           Derivatisierung, qualitativ oder quantitativ
Katalog
15702.001   Lecithin/Sphingomyelin-Quotient (L/S-Quotient), Sphingomyelin,
              Lecithin
15702.002   Phosphatidylglycerin
15702.003   Porphyrinprofil (Urin, Stuhl, Erythrozyten)
15702.004   Toxikologische Untersuchungen
15702.005 - .899   nicht besetzt
15702.900 - .999   vorläufige laboratoriumsinterne Nummerierung von
                     Untersuchungen analogen Aufwandes

15800.   Durchflußzytometrie

15801.   Durchflußzytometrische Untersuchung ohne Probenvorbereitung
           (Zelldifferenzierung physikalisch, immunologisch und/oder
           chemisch)
Katalog
15801.001   Differenzierung der Leukozyten
15801.002   Retikulozytenzählung
15801.003 - .899   nicht besetzt
15801.900 - .999   vorläufige laboratoriumsinterne Nummerierung von
                     Untersuchungen analogen Aufwandes

15802.   Durchflußzytometrische Untersuchung mit Probenvorbereitung
           (Zelldifferenzierung physikalisch, immunologisch und/oder
           chemisch, ggf. einschließlich Zellisolierung)

Katalog

15802.001   Aneuploidie von Tumorzellen
15802.002   Antikörpernachweis auf oder in Zellen
15802.003   Chromosomenanalyse
15802.004   Infektiöse Organismen
15802.005   Phänotypisierung von Zellen (je Antiserum)
15802.006   Rezeptornachweis auf Zellen (je Rezeptor)
15802.007 - .899   nicht besetzt
15802.900 - .999   vorläufige laboratoriumsinterne Nummerierung von
                    Untersuchungen analogen Aufwandes

15900.   Elektrophoretische Verfahren

15901.   Elektrophoretische Trennung (ohne Einengung des Probenmaterials,
          mit einfacher Visualisierung der Banden)

Katalog

15901.001   Elektrophorese, zweidimensional
15901.002   Hämoglobinelektrophorese
15901.003   Lipidelektrophorese, qualitativ
15901.004   Proteinelektrophorese (Serum)
15901.005   SDS-PAGE-Elektrophorese
15901.006   Überwanderungselektrophorese
15901.007 - .899   nicht besetzt
15901.900 - .999   vorläufige laboratoriumsinterne Nummerierung von
                    Untersuchungen analogen Aufwandes

15902.   Elektrophoretische Trennung (ohne Einengung des Probenmaterials,
          mit aufwendiger Visualisierung der Banden)

Katalog

15902.001   Alkalische Phosphatase - Isoenzyme
15902.002   Creatinkinase - Isoenzyme
15902.003   Elektrophorese mit anschließender Immunreaktion (z.B. AChRA)
15902.004   Elektrophorese, zweidimensional
15902.005   Immunelektrophorese
15902.006   Immunfixation
15902.007   Laktatdehydrogenase - Isoenzyme
15902.008   Lipoproteinelektrophorese, quantitativ
15902.009   SDS-PAGE-Elektrophorese
15902.010   SDS-Elektrophorese mit anschließender Immunreaktion (z.B.
             Westernblot)
15902.011   Überwanderungselektrophorese
15902.012 - .899   nicht besetzt
15902.900 - .999   vorläufige laboratoriumsinterne Nummerierung von
                    Untersuchungen analogen Aufwandes

15903.   Elektrophoretische Trennung (mit Einengung des Probenmaterials)
Katalog

15903.001   Proteinelektrophorese (Urin)
15903.002   Proteinelektrophorese (andere biologische Flüssigkeiten)
15903.003 - .899   nicht besetzt
15903.900 - .999   vorläufige laboratoriumsinterne Nummerierung von
                     Untersuchungen analogen Aufwandes

15904.   Isoelektrische Fokussierung (IEF)
Katalog
15904.001   Hämoglobine
15904.002   IEF mit anschließender Immunreaktion (z.B. Westernblot)
15904.003   Oligoklonale Banden
15904.004   Phänotypisierung von α_1-Antitrypsin (α_1-Proteinaseinhibitor)
15904.005 - .899   nicht besetzt
15904.900 - .999   vorläufige laboratoriumsinterne Nummerierung von
                     Untersuchungen analogen Aufwandes

16000.   Flammenemissionsphotometrie

16001.   Flammenemissionsphotometrische Untersuchung
Katalog
16001.001   Kalium
16001.002   Natrium
16001.003   Calcium
16001.004   Lithium
16001.005 - .899   nicht besetzt
16001.900 - .999   vorläufige laboratoriumsinterne Nummerierung von
                     Untersuchungen analogen Aufwandes

16100.   Fluorimetrie

16101   .   Fluorimetrische Untersuchung
Katalog
16101.001   Antistreptokokken-NAD-Glykohydrolase-Titer
16101.002 - .899   nicht besetzt
16101.900 - .999   vorläufige laboratoriumsinterne Nummerierung von
                     Untersuchungen analogen Aufwandes

16102.   Fluorimetrische Untersuchung mit aufwendiger Probenvorbereitung
                     (z.B. Säulenchromatographie)
Katalog
16102.001   Porphyrine, gesamt (Urin)
16102.002 - .899   nicht besetzt
16102.900 - .999   vorläufige laboratoriumsinterne Nummerierung von
                     Untersuchungen analogen Aufwandes

16200   **Funktionsteste**
Bei den Funktionstesten sind in der Leistungsstatistik die
durchgeführten Untersuchungen zu zählen

16300.   **Funktionsuntersuchungen am Patienten (Bedside-Tests)**

16301.   Funktionsuntersuchungen am Patienten (Bedside-Tests)
Katalog
16301.001   Blutungszeit
16301.002 - .899   nicht besetzt
16301.900 - .999   vorläufige laboratoriumsinterne Nummerierung von
Untersuchungen analogen Aufwandes

16400.   **Gaschromatographie (GC)**

16401.   Gaschromatographische Untersuchung mit einfacher Probenvorbereitung (ohne Derivatisierung oder mit Derivatisierung im
Einspritzblock)
Katalog
16401.001   BTX-Aromaten
16401.002   Ethanol
16401.003   Fettsäuren
16401.004   leichtflüchtige Halogenkohlenwasserstoffe
16401.005   Lösungsmittel
16401.006   Methanol
16401.007   Phytansäure
16401.008   Valproinsäure
16401.009 - .899   nicht besetzt
16401.900 - .999   vorläufige laboratoriumsinterne Nummerierung von
Untersuchungen analogen Aufwandes

16402.   Gaschromatographische Untersuchung mit Derivatisierungsreaktion
außerhalb des Geräts
Katalog
16402.001   Fettsäuren
16402.002   Homovanillinsäure (Urin) (HVA)
16402.003   Toxikologische Untersuchungen
16402.004   Vanillinmandelsäure (Urin) (VMA)
16402.005 - .899   nicht besetzt
16402.900 - .999   vorläufige laboratoriumsinterne Nummerierung von
Untersuchungen analogen Aufwandes

16403.   Gaschromatographische Untersuchung mit aufwendiger Probenvorbereitung (z.B. Hydrolyse, Säulenchromatographie, Dünnschicht-
chromatographie) und Derivatisierungsreaktion

Katalog
16403.001   Fettsäurenprofil
16403.002   Organ. Säurenprofil
16403.003   Steroidprofil
16403.004   Toxikologische Untersuchungen
16403.005 - .899   nicht besetzt
16403.900 - .999   vorläufige laboratoriumsinterne Nummerierung von
                    Untersuchungen analogen Aufwandes

16500.   Gaschromatographie-Massenspektrometrie

16501.   Gaschromatographisch-massenspektrometrische Untersuchung (GC-
                  MS)
Katalog
16501.001   Homovanillinsäure (HVA)
16501.002   Organ. Säurenprofil
16501.003   Phytansäure
16501.004   Serotonin
16501.005   Steroidprofil
16501.006   Toxikologische Untersuchungen
16501.007   Vanillinmandelsäure (VMA)
16501.008 - .899   nicht besetzt
16501.900 - .999   vorläufige laboratoriumsinterne Nummerierung von
                    Untersuchungen analogen Aufwandes

16502.   Gaschromatographisch-massenspektrometrische Untersuchung
                  (hochauflösende GC-MS)
Katalog
16502.001   Adrenalin und/oder Noradrenalin
16502.002   Homovanillinsäure
16502.003   Vanillinmandelsäure (VMA)
16502.004 - .899   nicht besetzt
16502.900 - .999   vorläufige laboratoriumsinterne Nummerierung von
                    Untersuchungen analogen Aufwandes

16600.   Hochleistungsflüssigkeitschromatographie (HPLC)

16601.   Hochleistungsflüssigkeitschromatographische Untersuchung (ohne
                  oder mit einfacher Probenvorbereitung)
Katalog
16601.001   Amiodarone
16601.002   Antibiotika
16601.003   Antiepileptika (Ethosuximid, Phenobarbital, Primidon,
             Diphenylhydantoin, Lamotrigin)
16601.004   Antimykotika
16601.005   Benzodiazepine

16601.006   Chinidin
16601.007   Glykierte Hämoglobine (HbA$_1$, HbA$_{1c}$,)
16601.008   Phenylalanin
16601.009   Tyrosin
16601.010   Vitamin A
16601.011   Vitamin E
16601.012 - .899   nicht besetzt
16601.900 - .999   vorläufige laboratoriumsinterne Nummerierung von
                   Untersuchungen analogen Aufwandes

16602.   Hochleistungsflüssigkeitschromatographische Untersuchung mit aufwendiger Probenvorbereitung (z.B. Säulenchromatographie, Festphasenextraktion, aufwendige Extraktion)

Katalog
16602.001   Adrenalin und/oder Noradrenalin und/oder Dopamin
16602.002   Aminosäuren
16602.003   Antibiotika
16602.004   Antimykotika
16602.005   5-Hydroxyindolessigsäure (5-HIES)
16602.006   Metanephrine
16602.007   Pharmaka
16602.008   Porphyrinprofil (Urin, Stuhl, Erythrozyten)
16602.009   Pyridinium- und/oder Deoxypyridinium-Crosslinks
16602.010   Toxikologische Untersuchungen
16602.011   Vanillinmandelsäure (VMA)
16602.012   Vitamin B1
16602.013   Vitamin B6
16602.014   Vitamin D2
16602.015   25-OH-Vitamin D2
16602.016   Vitamin D3
16602.017   25-OH-Vitamin D3
16602.018   Vitamin K
16602.019 - .899   nicht besetzt
16602.900 - .999   vorläufige laboratoriumsinterne Nummerierung von
                   Untersuchungen analogen Aufwandes

16700.   Immundiffusion (radiale), Elektroimmundiffusion, Nephelometrie oder Turbidimetrie

16701.   Immundiffusionsuntersuchung (einschließlich Identitätsprüfung), qualitativ

Katalog
16701.001   Albumin
16701.002   Autoantikörper
16701.003   Sekretorisches IgA
16701.004   Subformen antinukleärer Antikörper
16701.005   Transferrin

16701.006 - .899   nicht besetzt
16701.900 - .999   vorläufige laboratoriumsinterne Nummerierung von
Untersuchungen analogen Aufwandes

16702.   Immundiffusions- (radiale), Elektroimmundiffusions-,
nephelometrische oder turbidimetrische Untersuchung, quantitativ.

Katalog
16702.001   alpha$_1$-Antitrypsin
16702.002   alpha$_1$-Mikroglobulin
16702.003   alpha$_2$-Makroglobulin
16702.004   alpha-Fetoprotein (AFP)
16702.005   Antikörper gegen Fc von IgM (Rheumafaktor)
16702.006   Antithrombin III (AT III)
16702.007   Autoantikörper
16702.008   beta$_2$-Glykoprotein II (C3-Proaktivator)
16702.009   C1-Esteraseinhibitor (C1-Inaktivator, C1-INH)
16702.010   C-reaktives Protein (CRP)
16702.011   Carcinoembryonales Antigen (CEA)
16702.012   Coeruloplasmin
16702.013   Ferritin
16702.014   Fibrinogen
16702.015   Gerinnungsfaktor VIII (Ag F VIII AP)
16702.016   Gerinnungsfaktor XIII (F XIII)
16702.017   Hämopexin
16702.018   Haptoglobin
16702.019   Immunglobulin A (IgA)
16702.020   Immunglobulin D (IgD)
16702.021   Immunglobulin E (IgE)
16702.022   Immunglobulin G (IgG)
16702.023   Immunglobulin M (IgM)
16702.024   Komplementfaktor C3
16702.025   Komplementfaktor C4
16702.026   Leichtketten
16702.027   Myoglobin
16702.028   Präalbumin
16702.029   Protein S (Konzentration)
16702.030   Retinolbindendes Protein (RBP)
16702.031   Transferrin
16702.032 - .899   nicht besetzt
16702.900 - .999   vorläufige laboratoriumsinterne Nummerierung von
Untersuchungen analogen Aufwandes

16800.   Infrarotspektrometrie (IR)

16801.   Infrarotspektrometrische Untersuchungen

Katalog
16801.001   Gallensteinanalyse
16801.002   Harnsteinanalyse
16801.003 - .899   nicht besetzt
16801.900 - .999   vorläufige laboratoriumsinterne Nummerierung von
                    Untersuchungen analogen Aufwandes

16900.   Koagulometrie

16901.   Koagulometrische Untersuchung
Katalog
16901.001   Fibrinogen
16901.002   Partielle Thromboplastinzeit (PTT, aPTT)
16901.003   Plasmathrombinzeit (TZ, PTZ)
16901.004   Protein C (Gerinnungstest)
16901.005   Reptilasezeit
16901.006   Thrombinkoagulasezeit
16901.007   Thromboplastinzeit (Prothrombinzeit, TPZ, PT, Quickwert)
16901.008 - .899   nicht besetzt
16901.900 - .999   vorläufige laboratoriumsinterne Nummerierung von
                    Untersuchungen analogen Aufwandes

16902.   Koagulometrische Untersuchung (aufwendige Untersuchungen)
Katalog
16902.001   APC-Resistenz
16902.002   Gerinnungsfaktor II (F II)
16902.003   Gerinnungsfaktor V (F V)
16902.004   Gerinnungsfaktor VII (F VII)
16902.005   Gerinnungsfaktor VIII (F VIII, F VIII C)
16902.006   Gerinnungsfaktor IX (F IX)
16902.007   Gerinnungsfaktor X (F X)
16902.008   Gerinnungsfaktor XI (F XI)
16902.009   Gerinnungsfaktor XII (F XII)
16902.010   Gerinnungsfaktor XIII (F XIII)
16902.011   Plasmatauschversuch (z.B. Lupusantikoagulans)
16902.012   Protein C - Aktivität
16902.013   Protein S - Aktivität
16902.014   Thrombelastogramm
16902.015 - .899   nicht besetzt
16902.900 - .999   vorläufige laboratoriumsinterne Nummerierung von
                    Untersuchungen analogen Aufwandes

17000.   Komplementbindungsreaktion

17001.   Komplementbindungsreaktion, semiquantitativ
Katalog
17001.001   Antikörper gegen Adeno-Viren

17001.002   Antikörper gegen Campylobacter/Helicobacter
17001.003   Antikörper gegen Chlamydia psittaci (Ornithosegruppe)
17001.004   Antikörper gegen Chlamydia trachomatis
17001.005   Antikörper gegen Corona-Viren
17001.006   Antikörper gegen Coxiella burneti
17001.007   Antikörper gegen Gonokokken
17001.008   Antikörper gegen Influenza A-Virus
17001.009   Antikörper gegen Influenza B-Virus
17001.010   Antikörper gegen Influenza C-Virus
17001.011   Antikörper gegen Leptospiren
17001.012   Antikörper gegen Listerien
17001.013   Antikörper gegen lymphozytäres Choriomeningitis-Virus
17001.014   Antikörper gegen Mycoplasma pneumoniae
17001.015   Antikörper gegen Parainfluenza-Virus 1
17001.016   Antikörper gegen Parainfluenza-Virus 3
17001.017   Antikörper gegen Polyoma-Viren
17001.018   Antikörper gegen Reo-Viren
17001.019   Antikörper gegen Respiratory syncytial virus
17001.020   Antikörper gegen Rickettsien
17001.021   Antikörper gegen Toxoplasma gondii
17001.022   Antikörper gegen Treponema pallidum (Cardiolipinreaktion)
17001.023   Antikörper gegen Yersinien
17001.024 - .899   nicht besetzt
17001.900 - .999   vorläufige laboratoriumsinterne Nummerierung von
            Untersuchungen analogen Aufwandes

17100.   Lichtmikroskopie

17101.   Lichtmikroskopische Untersuchung ohne Anfärbung, bzw. mit
            Vitalfärbung einschließlich spezieller Beleuchtungsverfahren (z.B.
            Phasenkontrast), qualitativ
Katalog
17101.001   Duodenalsekret, mikroskopisch
17101.002   Zervixsekret - Farnkrauttest
17101.003   Gallensediment
17101.004   Harnsediment
17101.005   Magensekret, mikroskopisch
17101.006 - .899   nicht besetzt
17101.900 - .999   vorläufige laboratoriumsinterne Nummerierung von
            Untersuchungen analogen Aufwandes

17102.   Lichtmikroskopische Untersuchung ohne oder mit einfacher
            Anfärbung (z.B. Lugol, Methylenblau) einschließlich spezieller
            Beleuchtungsverfahren (z.B. Phasenkontrast), qualitativ

Katalog

17102.001   Spermienagglutination und -motilität

17102.002 - .899   nicht besetzt

17102.900 - .999   vorläufige laboratoriumsinterne Nummerierung von
                       Untersuchungen analogen Aufwandes

17103.   Lichtmikroskopische Untersuchung ohne Anfärbung,
                Auflichtmikroskopie, mit anschließenden, chemischen
                Nachweisreaktionen, qualitativ

Katalog

17103.001   Steinanalyse, mikroskopisch

17103.002 - .899   nicht besetzt

17103.900 - .999   vorläufige laboratoriumsinterne Nummerierung von
                       Untersuchungen analogen Aufwandes

17104.   Lichtmikroskopische Untersuchung mit Anfärbung, semiquantitativ

Katalog

17104.001   Alkalische Leukozytenphosphatase-Färbung (Blut-,
                Knochenmarkausstrich)

17104.002   Eisen-Färbung (Blut-, Knochenmarkausstrich)

17104.003   Leukozytenesterase-Färbung (Blut-, Knochenmarkausstrich)

17104.004   Leukozytenperoxidase-Färbung (Blut-, Knochenmarkausstrich)

17104.005   PAS-Färbung (Blut-, Knochenmarkausstrich)

17104.006   Tartratresistente saure Phosphatase-Färbung (Blut-,
                Knochenmarkausstrich)

17104.007   Terminale Desoxynukleotidyltransferase-Färbung (Blut-,
                Knochenmarkausstrich)

17104.008   Thrombozytenausbreitung

17104.009 - .899   nicht besetzt

17104.900 - .999   vorläufige laboratoriumsinterne Nummerierung von
                       Untersuchungen analogen Aufwandes

17105.   Lichtmikroskopische Untersuchung ohne oder mit Anfärbung,
                quantitativ

Katalog

17105.001   Eosinophile, segmentkernige Granulozyten (sog. absolute
                Eosinophilenzahl)

17105.002   Erythrozytenzahl (Blut, Liquor)

17105.003   Fetales Hämoglobin (HbF)

17105.004   Leukozytenzahl (Blut, Liquor)

17105.005   Morphologische Differenzierung des Blutausstrichs

17105.006   Morphologische Differenzierung des Liquorzellausstrichs

17105.007   Morphologische Differenzierung des Spermas

17105.008   Morphologische Differenzierung des Knochenmarkausstrichs

17105.009   Retikulozytenzählung, mikroskopisch

17105.010   Spermienzahl

17105.011   Thrombozytenzahl

17105.012   Zellzählung (Urin) (Addis-Count)

17105.013 - .899   nicht besetzt

17105.900 - .999   vorläufige laboratoriumsinterne Nummerierung von
Untersuchungen analogen Aufwandes

17106.   Lichtmikroskopische Untersuchung mit Anfärbung und EDV-
unterstützter Befundmusterauswertung, quantitativ

Katalog

17106.001   Morphologische Differenzierung des Blutausstrichs, zusätzlich zu
Blutbild

17106.002 - .899   nicht besetzt

17106.900 - .999   vorläufige laboratoriumsinterne Nummerierung von
Untersuchungen analogen Aufwandes

17107.   Lichtmikroskopische Untersuchung mit Fluoreszenz- (Immun-
fluoreszenz), Enzym- oder anderer Markierung, qualitativ

Katalog

17107.001   Antikörper gegen Adeno-Viren

17107.002   Antikörper gegen Basalmembran (GBM)

17107.003   Antikörper gegen Bordetella pertussis

17107.004   Antikörper gegen Borrelia burgdorferi

17107.005   Antikörger gegen Candida albicans

17107.006   Antikörper gegen Centromerregion

17107.007   Antikörper gegen Chlamydia trachomatis

17107.008   Antikörper gegen Coxiella burneti

17107.009   Antikörper gegen Echinokokken

17107.010   Antikörper gegen Endomysium (IgA-EMA)

17107.011   Antikörper gegen Entamoeba histolytica

17107.012   Antikörper gegen Epstein-Barr-Virus Capsid (IgG)

17107.013   Antikörper gegen Epstein-Barr-Virus Capsid (IgM)

17107.014   Antikörper gegen Epstein-Barr-Virus Capsid (IgA)

17107.015   Antikörper gegen Epstein-Barr-Virus Nukleäres Antigen (EBNA)

17107.016   Antikörper gegen Epstein-Barr-Virus Early Antigen diffus

17107.017   Antikörper gegen Epstein-Barr-Virus Early Antigen restricted

17107.018   Antikörper gegen extrahierbares nukleäres Antigen (ENA)

17107.019   Antikörper gegen FSME-Virus (IgG oder IgM)

17107.020   Antikörper gegen glatte Muskulatur (SMA, GMA)

17107.021   Antikörper gegen Gliadin (IgG oder IgA)

17107.022   Antikörper gegen Haut (AHA = BMA und ICS)

17107.023   Antikörper gegen Herzmuskulatur (HMA)

17107.024   Antikörper gegen Herpes simplex-Virus 1 (IgG oder IgM)

17107.025   Antikörper gegen Herpes simplex-Virus 2 (IgG)

17107.026   Antikörper gegen Herpes simplex-Virus 2 (IgG oder IgM)

17107.027   Antikörper gegen HIV 1

17107.028   Antikörper gegen HIV 2

17107.029   Antikörper gegen Influenza A-Virus

17107.030   Antikörper gegen Influenza B-Virus
17107.031   Antikörper gegen Kollagen
17107.032   Antikörper gegen Lamblia intestinalis
17107.033   Antikörper gegen Langerhans-Inseln (ICA)
17107.034   Antikörper gegen Lebermembran-Antigen
17107.035   Antikörper gegen Leber-, Nieren-Mikrosomen (LKM)
17107.036   Antikörper gegen Legionella pneumophila
17107.037   Antikörper gegen Leishmania donovani
17107.038   Antikörper gegen lymphozytäres Choriomeningitis-Virus
17107.039   Antikörper gegen Masern-Virus
17107.040   Antikörper gegen Mitochondrien (AMA)
17107.041   Antikörper gegen Mumps-Virus
17107.042   Antikörper gegen Mycoplasma pneumoniae
17107.043   Antikörper gegen nDNA
17107.044   Antikörper gegen Nebenniere (NNR-AK)
17107.045   Antikörper gegen Parainfluenza-Virus 1
17107.046   Antikörper gegen Parainfluenza-Virus 2
17107.047   Antikörper gegen Parainfluenza-Virus 3
17107.048   Antikörper gegen Parietalzellen (PCA)
17107.049   Antikörper gegen Plasmodien
17107.050   Antikörper gegen Pneumocystis carinii
17107.051   Antikörper gegen Respiratory syncytial virus
17107.052   Antikörper gegen Rickettsien
17107.053   Antikörper gegen Schistosomen
17107.054   Antikörper gegen Skelettmuskulatur (SkMA, SMA)
17107.055   Antikörper gegen Speichelgangepithel
17107.056   Antikörper gegen Spermien
17107.057   Antikörper gegen Thyreoglobulin (TGAK, TAK)
17107.058   Antikörper gegen Tollwut-Virus
17107.059   Antikörper gegen Toxoplasma gondii
17107.060   Antikörper gegen Treponema pallidum (IgG)
17107.061   Antikörper gegen Treponema pallidum (IgM), (19S-IgM FTA-Abs-
             Test)
17107.062   Antikörper gegen Trypanosoma cruzi
17107.063   Antikörper gegen Trypanosoma brucei gambiense und rhodiense
17107.064   Antikörper gegen Varizella-Zoster-Virus
17107.065   Antikörper gegen Zellkerne (ANA)
17107.066   Antikörper gegen zytoplasmatische Antigene in neutrophilen
             Granulozyten (ACPA, ANCA)
17107.067 - .899   nicht besetzt
17107.900 - .999   vorläufige laboratoriumsinterne Nummerierung von
                    Untersuchungen analogen Aufwandes

17108.   Lichtmikroskopische Untersuchung mit Fluoreszenz-
             (Immunfluoreszenz), Enzym- oder anderer (z.B. Immunobeads)
             Markierung, qualitativ oder semiquantitativ, einschließlich
             Zellisolierung

Katalog

17108.001   Phänotypisierung von Zellen
17108.002   Rezeptornachweis auf Zellen
17108.003 - .899   nicht besetzt
17108.900 - .999   vorläufige laboratoriumsinterne Nummerierung von
                    Untersuchungen analogen Aufwandes

17109.   Lichtmikroskopische Untersuchung mit Fluoreszenz-
          (Immunfluoreszenz), Enzym- oder anderer (z.B. Immunobeads)
          Markierung, semiquantitativ (3 und mehr Titerstufen)

Katalog

17109.001   Antikörper gegen Adeno-Viren
17109.002   Antikörper gegen Basalmembran (GBM)
17109.003   Antikörper gegen Bordetella pertussis
17109.004   Antikörper gegen Borrelia burgdorferi
17109.005   Antikörper gegen Candida albicans
17109.006   Antikörper gegen Centromerregion
17109.007   Antikörper gegen Chlamydia trachomatis
17109.008   Antikörper gegen Coxiella burneti
17109.009   Antikörper gegen nDNA
17109.010   Antikörper gegen Endomysium (IgA-EMA)
17109.011   Antikörper gegen Entamoeba histolytica
17109.012   Antikörper gegen Epstein-Barr-Virus Capsid (IgG)
17109.013   Antikörper gegen Epstein-Barr-Virus Capsid (IgM)
17109.014   Antikörper gegen Epstein-Barr-Virus Nukleäres Antigen (EBNA)
17109.015   Antikörper gegen Epstein-Barr-Virus Early Antigen diffus
17109.016   Antikörper gegen Epstein-Barr-Virus Early Antigen restricted
17109.017   Antikörper gegen extrahierbares nukleäres Antigen (ENA)
17109.018   Antikörper gegen glatte Muskulatur (SMA, GMA)
17109.019   Antikörper gegen Gliadin (IgG oder IgA)
17109.020   Antikörper gegen Haut (AHA = BMA und ICS)
17109.021   Antikörper gegen Herpes simplex-Virus 1 (IgG)
17109.022   Antikörper gegen Herpes simplex-Virus 1 (IgM)
17109.023   Antikörper gegen Herpes simplex-Virus 2 (IgG)
17109.024   Antikörper gegen Herpes simplex-Virus 2 (IgM)
17109.025   Antikörper gegen Herzmuskulatur (HMA)
17109.026   Antikörper gegen Histon-Proteine
17109.027   Antikörper gegen HIV 1
17109.028   Antikörper gegen Influenza A-Virus
17109.029   Antikörper gegen Influenza B-Virus
17109.030   Antikörper gegen Kollagen
17109.031   Antikörper gegen Lamblia intestinalis
17109.032   Antikörper gegen Langerhans-Inseln (ICA)
17109.033   Antikörper gegen Lebermembran-Antigen
17109.034   Antikörper gegen Leber-, Nieren-Mikrosomen (LKM)
17109.035   Antikörper gegen Legionellen

17109.036	Antikörper gegen Leishmania donovani
17109.037	Antikörper gegen lymphozytäres Choriomeningitis-Virus
17109.038	Antikörper gegen Masern-Virus
17109.039	Antikörper gegen Mitochondrien (AMA)
17109.040	Antikörper gegen Mumps-Virus
17109.041	Antikörper gegen Mycoplasma pneumoniae
17109.042	Antikörper gegen Parainfluenza-Virus 1
17109.043	Antikörper gegen Parainfluenza-Virus 2
17109.044	Antikörper gegen Parainfluenza-Virus 3
17109.045	Antikörper gegen Parietalzellen (PCA)
17109.046	Antikörper gegen Pneumocystis carinii
17109.047	Antikörper gegen Respiratory syncytial virus
17109.048	Antikörper gegen Skelettmuskulatur (SkMA, SMA)
17109.049	Antikörper gegen Speichelgangepithel
17109.050	Antikörper gegen Spermien
17109.051	Antikörper gegen Thyreoglobulin (TGAK, TAK)
17109.052	Antikörper gegen Tollwut-Virus
17109.053	Antikörper gegen Toxoplasma gondii
17109.054	Antikörper gegen Treponema pallidum (IgG)
17109.055	Antikörper gegen Treponema pallidum (IgM)(19S-IgM FTA-Abs-Test)
17109.056	Antikörper gegen Trypanosoma cruzi
17109.057	Antikörper gegen Varizella-Zoster-Virus
17109.058	Antikörper gegen Zellkerne (ANA)
17109.059	Antikörper gegen zytoplasmatische Antigene in neutrophilen Granulozyten (ACPA, ANCA)
17109.060 - .899	nicht besetzt
17109.900 - .999	vorläufige laboratoriumsinterne Nummerierung von Untersuchungen analogen Aufwandes

17110.	Lichtmikroskopische Chromosomenanalyse von Zellen im Durchlichthellfeldverfahren mit Reflexionskontrastmikroskopie- oder Fluoreszenzmikroskopie aus Blutzellpräparationen gegebenenfalls nach Gewebekultur einschließlich Anfärbung

Katalog

17110.001	Philadelphiachromosom
17110.002 - .899	nicht besetzt
17110.900 - .999	vorläufige laboratoriumsinterne Nummerierung von Untersuchungen analogen Aufwandes

17200.	**Ligandenassays (z.B. Enzym-, Chemilumineszenz-, Fluoreszenz-, Radioimmunoassay)**

17201.	Ligandenassay, (z.B. Enzym-, Chemilumineszenz-, Fluoreszenz-, Radioimmunoassay), auch bei Verwendung trägergebundener Reagenzien, qualitativ

atalog

17201.001 Allergenspezifisches IgE, Mischallergentest, (z.B. RAST)(je
Mischallergen)

17201.002 Antikörper gegen Cytomegalie-Virus (IgM oder IgG)

17201.003 Antikörper gegen HBcAg

17201.004 Antikörper gegen HBcAg (IgM)

17201.005 Antikörper gegen HBeAg

17201.006 Antikörper gegen HBsAg

17201.007 Antikörper gegen Hepatitis A-Virus

17201.008 Antikörper gegen Hepatitis A-Virus (IgM)

17201.009 Antikörper gegen Herpes simplex-Virus gesamt

17201.010 Antikörper gegen Herpes simplex-Virus (IgM oder IgG)

17201.011 Antikörper gegen HIV

17201.012 Antikörper gegen Masern-Virus gesamt

17201.013 Antikörper gegen Masern-Virus (IgM oder IgG)

17201.014 Antikörper gegen Mumps-Virus gesamt

17201.015 Antikörper gegen Mumps-Virus (IgM oder IgG)

17201.016 Antikörper gegen nukleäre Subformen (dDNS, Ro(SS-A), La(SS-B),
RNP, Sm)(je Subform)

17201.017 Antikörper gegen Röteln-Virus (IgM oder IgG)

17201.018 Antikörper gegen Röteln-Virus (IgM oder IgG)

17201.019 Antikörper gegen Toxoplasma gondii

17201.020 Antikörper gegen Varizella-Zoster-Virus gesamt

17201.021 Antikörper gegen Varizella-Zoster-Virus (IgM oder IgG)

17201.022 Choriongonadotropin (Urin) (HCG), Schwangerschaftstest,
hochempfindlich (Nachweisgrenze des Tests < 50 IE/l)

17201.023 Drogenscreening (Urin)(je Droge)

17201.024 Troponin

17201.025 - .899   nicht besetzt

17201.900 - .999   vorläufige laboratoriumsinterne Nummerierung von
Untersuchungen analogen Aufwandes

17202.   Ligandenassay (z.B. Enzym-, Chemilumineszenz-, Fluoreszenz-,
Radioimmunoassay), auch bei Verwendung trägergebundener
Reagenzien, semiquantitativ

Katalog

17202.001 Albumin (Urin)

17202.002 Allergenspezifisches IgE, Einzelallergentest (z.B. RAST)(je Allergen)

17202.003 Antikörper gegen Cardiolipin (IgG oder IgM)

17202.004 Antikörper gegen Cytomegalie-Virus

17202.005 Antikörper gegen DNS (dsDNS oder ssDNS)

17202.006 Antikörper gegen HBcAg

17202.007 Antikörper gegen HBcAg (IgM)

17202.008 Antikörper gegen HBeAg

17202.009 Antikörper gegen HBsAg

17202.010 Antikörper gegen Hepatitis A-Virus

17202.011   Antikörper gegen Hepatitis A-Virus (IgM)
17202.012   Antikörper gegen Hepatitis delta-Antigen
17202.013   Antikörper gegen Hepatitis E-Antigen
17202.014   Antikörper gegen Herpes simplex-Virus
17202.015   Antikörper gegen Histon-Proteine
17202.016   Antikörper gegen Intrinsic Factor (IFA)
17202.017   Antikörper gegen Jo-1
17202.018   Antikörper gegen Masern-Virus
17202.019   Antikörper gegen Maus-Immunglobuline (IgG oder IgM)(HAMA)
17202.020   Antikörper gegen Mumps-Virus (IgG)
17202.021   Antikörper gegen Mitochondriale Antigene (AMA-Subformen)
17202.022   Antikörper gegen PM-Scl-100
17202.023   Antikörper gegen RNP
17202.024   Antikörper gegen Röteln-Virus
17202.025   Antikörper gegen Scl 70
17202.026   Antikörper gegen Sm
17202.027   Antikörper gegen SS-A (Ro)
17202.028   Antikörper gegen SS-B (La)
17202.029   Antikörper gegen Thyreoidea (Mikrosomen TMAK, MAK;
            Peroxidase hTPO)
17202.030   Antikörper gegen Thyreoglobulin (TGAK, TAK)
17202.031   Antikörper gegen Thrombozyten
17202.032   Antikörper gegen Toxoplasma gondii
17202.033   Antikörper gegen TSH-Rezeptor (TRAK)
17202.034   Antikörper gegen Varizella-Zoster-Virus
17202.035   Antikörper gegen zytoplasmatische Antigene in neutrophilen
            Granulozyten (ACPA, ANCA)
17202.036   Barbiturate
17202.037   Benzodiazepine
17202.038   Cannabinoide
17202.039   Choriongonadotropin (HCG)
17202.040   Cocainmetabolite
17202.041   D-Dimere
17202.042   Fibronectin
17202.043   Fibrinmonomere
17202.044   Drogenscreening (Urin)(je Droge)
17202.045   Methadon
17202.046   Opiate
17202.047   Renin - Aktivität (PRA)
17202.048   Zirkulierende Immunkomplexe
17202.049 - .899   nicht besetzt
17202.900 - .999   vorläufige laboratoriumsinterne Nummerierung von
            Untersuchungen analogen Aufwandes

17203   Ligandenassay (z.B. Enzym-, Chemilumineszenz-, Fluoreszenz-,
                 Radioimmunoassay), auch bei Verwendung trägergebundener
                 Reagenzien, quantitativ

Katalog

17203.001   Albumin (Urin)

17203.002   Aldosteron

17203.003   Alkalische Phosphatase (Knochen-Isoenzym)

17203.004   17alpha-Hydroxyprogesteron

17203.005   alpha-Amanitin

17203.006   alpha-Fetoprotein (AFP)

17203.007   Amikacin

17203.008   Amphetamin

17203.009   Androstendion

17203.010   Antikörper gegen Acetylcholin-Rezeptor (AchRA)

17203.011   Antikörper gegen Maus-Immunglobuline (IgG oder IgM)(HAMA)

17203.012   Apolipoprotein A1

17203.013   Apolipoprotein A2

17203.014   Apolipoprotein B

17203.015 ß_2-Mikroglobulin

17203.016   Barbiturate

17203.017   Benzodiazepine

17203.018   Biogene Amine (Adrenalin oder Noradrenalin oder Metanephrin oder
                 Normetanephrin oder Serotonin oder Histamin)

17203.019   Ca-125

17203.020   Ca 15-3

17203.021   Ca 19-9

17203.022   Ca 72-4

17203.023   Calcitonin

17203.024   Cannabinoide

17203.025   Carbamazepin

17203.026   Carbohydrate deficient transferrin (CDT)

17203.027   Carcinoembryonales Antigen (CEA)

17203.028   CK-MB Konzentration

17203.029   Chinidin

17203.030   Choriongonadotropin (HCG)

17203.031   Cocainmetabolite

17203.032   Coffein

17203.033   Corticotropin (ACTH)

17203.034   Cortisol

17203.035   C-Peptid (Insulin C-Peptid)

17203.036   Cyclosporin (mono- oder polyspezifisch)

17203.037   Cyfra 21-1

17203.038   D-Dimere

17203.039   Dehydroepiandrosteron (DHEA)

17203.041   Dehydroepiandrosteronsulfat (DHEAS)

17203.042   Desipramin

17203.043   Dibekazin
17203.044   Digitoxin
17203.045   Digoxin
17203.046   Erythropoietin
17203.047   Ethosuximid
17203.048   Ferritin
17203.049   Fibronectin
17203.050   Fibrin A (I) und Fibrin B (II)
17203.051   Flecainid
17203.052   Follitropin (FSH)
17203.053   Folsäure
17203.054   Freies T3 (fT3)
17203.055   Freies T4 (fT4)
17203.056   Gallensäuren
17203.057   Gastric inhibitory polypeptide (GIP)
17203.058   Gastrin
17203.059   Gentamicin
17203.060   Glukagon
17203.061   Gonadotropin-releasing-Hormon (GnRH)
17203.062 HbA_{1c} (glykierte Hämoglobine)
17203.063   Interleukine
17203.064   Isepamicin
17203.065   Immunglobulin E (IgE)
17203.066   Insulin
17203.067   Insulin-Antikörper
17203.068   Kanamycin
17203.069   Lidocain
17203.070   Lipoprotein (a) (Lp(a))
17203.071   Luteinisierendes Hormon (LH)
17203.072   MEGX (Mono-ethyl-glycin-xylidid)
17203.073   Methadon
17203.074   Methotrexat
17203.075   Myoglobin
17203.076   N-Acetylprocainamid
17203.077   Netilmicin
17203.078   Neuronenspezifische Enolase (NSE)
17203.079   Neurotensin
17203.080   Nortriptylin
17203.081   Östradiol
17203.082   Östriol
17203.083   Opiate
17203.084   Osteocalcin
17203.085   Oxytocin
17203.086   Pankreatisches Polypeptid (PP)
17203.087   Paracetamol
17203.088   Parathormon (PTH)
17203.089   Parathyroid hormone related peptide

17203.090	Phencyclidin
17203.091	Phenobarbital
17203.092	Phenytoin
17203.093	Plazentalaktogen (HPL)
17203.094	Plättchenfaktor 4
17203.095	PMN-Elastase
17203.096	Primidon
17203.097	Progesteron
17203.098	Prolaktin
17203.099	Propeptide des Prokollagens (Typ I oder Typ III)
17203.100	Propoxyphen
17203.101	Prostataspezifisches Antigen (PSA), gesamt
17203.102	Prostataspezifisches Antigen (PSA), frei
17203.103	Prostataspezifische saure Phosphatase (PAP)
17203.104	Protein C - Konzentration
17203.105	Protein S - Konzentration
17203.106	Pyridinium- und/oder Deoxypyridinium-Crosslinks und/oder Telopeptide
17203.107	Renin - Aktivität (PRA)(kinetische Bestimmung mit mindestens 4 Meßpunkten)
17203.108	Renin - Konzentration
17203.109	reverse T3 (rT3)
17203.110	Salizylat
17203.111	SCC
17203.112	Schwangerschaftsspezifisches β_1-Glykoprotein (SP-1)
17203.113	Sexualhormonbindendes Globulin (SHBG)
17203.114	Somatomedin
17203.115	Streptomycin
17203.116	t-PA (tissue-plasminogen-activator)
17203.117	T3-Uptake-Test (auch Doppelbestimmung)(TBI)
17203.118	Tacrolimus (FK 506)
17203.119	Testosteron
17203.120	Theophyllin
17203.121	Thrombin-Antithrombin-Komplex (TAT-Komplex)
17203.122	Thymidinkinase
17203.123	Thyreoglobulin
17203.124	Thyreoidea stimulierendes Hormon (TSH)
17203.125	Thyroxin (T4)
17203.126	Thyroxin-bindendes Globulin (TBG)
17203.127	Tobramicin
17203.128	TPA oder TPS
17203.129	Tricyclische Antidepressiva (Amitryptilin, Imipramin, Nortriptylin etc.)
17203.130	Trijodthyronin (T3)
17203.131	Troponin I
17203.132	Troponin T
17203.133	Trypsin

17203.134   Tumornekrosefaktor (TNF)
17203.135   Tumornekrosefaktor - Rezeptor (p55)
17203.136   Valproinsäure
17203.137   Vancomycin
17203.138   Vasoaktives intestinales Polypeptid (VIP)
17203.139   Vasopressin
17203.140   Vitamin B12
17203.141   Vitamin D2
17203.142   25-OH-Vitamin D2
17203.143   Vitamin D3
17203.144   25-OH-Vitamin D3
17203.145   von Willebrand-Faktor (vWF)
17203.146   Wachstumshormon (HGH, STH)
17203.147   Zelladhäsionsmolekül 1 (ICAM)
17203.148   Zirkulierende Immunkomplexe
17203.149 - .899   nicht besetzt
17203.900 - .999   vorläufige laboratoriumsinterne Nummerierung von
                    Untersuchungen analogen Aufwandes

17300.   **Lumineszenzmessungen**

17301.   Lumineszenzbestimmung (Fluoreszenz, Phosphoreszenz oder
                Chemilumineszenz), quantitativ
Katalog
17301.001 O_2-Radikale (Granulozyten)
17301.002 - .899   nicht besetzt
17301.900 - .999   vorläufige laboratoriumsinterne Nummerierung von
                    Untersuchungen analogen Aufwandes

17400.   **Lysis und Lysisreaktionen**

17401.   Lysis (Erythrozytolyse), qualitativ
Katalog
17401.001   Hämolysine, qualitativ
17401.002 - .899   nicht besetzt
17401.900 - .999   vorläufige laboratoriumsinterne Nummerierung von
                    Untersuchungen analogen Aufwandes

17402.   Lysis (Erythrozytolyse), semiquantitativ
Katalog
17402.001   Hämolysine, semiquantitativ
17402.002 - .899   nicht besetzt
17402.900 - .999   vorläufige laboratoriumsinterne Nummerierung von
                    Untersuchungen analogen Aufwandes

17403.   Lysisreaktion und nachfolgend Komplementbindungsreaktion (KBR)
Katalog

17403.001   Antikörper gegen Staphylokokken
17403.002   Antikörper gegen Streptokokken
17403.003 - .899   nicht besetzt
17403.900 - .999   vorläufige laboratoriumsinterne Nummerierung von
                     Untersuchungen analogen Aufwandes

17404.   Lysisreaktion (Zytotoxizität)
Katalog
17404.001   Gesamtkomplement AH 50
17404.002   Gesamtkomplement CH 50
17404.003   Gesamtkomplement CH 100
17404.004   Komplementfaktor C3 (Aktivität)
17404.005   Komplementfaktor C4 (Aktivität)
17404.006 - .899   nicht besetzt
17404.900 - .999   vorläufige laboratoriumsinterne Nummerierung von
                     Untersuchungen analogen Aufwandes

17405.   Untersuchungen im Rahmen von Gewebetypisierungen
Katalog
17405.001   Dichtegradientenisolierung von Zellen
17405.002   Nachweis eines HLA-Antigens der Klasse I im
              Lymphozytotoxizitätstest
17405.003   Gesamttypisierung der HLA-Antigene der Klasse I
              imLymphozytotoxizitätstest mit mindestens 60 Antiseren
17405.004   Nachweis eines HLA-Antigens der Klasse II im
              Lymphozytotoxizitätstest
17405.005   Gesamttypisierung der HLA-Antigene der Klasse II mittels
              molekularbiologischer Verfahren mit bis zu 15 Sonden
17405.006   Subtypisierung der HLA-Antigene der Klasse II mittels
              molekularbiologischer Verfahren (bis zu 40 Sonden)
17405.007   HLA-Antikörpernachweis
17405.008   HLA-Antikörperidentifizierung
17405.009   Serologische Verträglichkeitsprobe im HLA-System (cross-match)
17405.010   Lymphozytenmischkultur bei Empfänger und Spender
17405.011 - .899   nicht besetzt
17405.900 - .999   vorläufige laboratoriumsinterne Nummerierung von
                     Untersuchungen analogen Aufwandes

17500.   Magnetresonanz (NMR Verfahren)

17501.   Untersuchungen mit Magnetresonanz (NMR)

17600   **Molekularbiologische Verfahren**

17601   Molekularbiologische Untersuchung zur Identifizierung von
               humanen DNA/RNA-Fragmenten mittels Hybridisierungsverfahren
               (je Restriktionsenzym und Sonde)

17602.   Identifizierung, Untersuchung von humanen DNA/RNA-Fragmenten
               mittels Amplifikation

17603.   Identifizierung, Untersuchung von humanen DNA/RNA-Fragmenten
               mittels aufwendiger Amplifikation (nested PCR, o. ä.)

17604.   Identifizierung von Amplifikaten mittels Gelelektrophorese, RLFP
               oder ähnlichen Verfahren

17605.   Identifizierung von Amplifikaten mittels Hybridisierungsverfahren
               (markierte Sonden oder ähnlichen Verfahren)

17606.   Identifizierung von Amplifikaten mittels DNA-Sequenzermittlung

17700.   **Osmometrie**

17701.   Osmometrische Untersuchung
Katalog
17701.001   Osmolalität
17701.002 - .899   nicht besetzt
17701.900 - .999   vorläufige laboratoriumsinterne Nummerierung von
                     Untersuchungen analogen Aufwandes

17800.   **Partikeleigenschaftenbestimmungen**

17801.   Partikeleigenschaftenbestimmung mittels Impedanzmessung,
                   Konduktivitätsmessung und Laserstreulichtmessung
Katalog
17801.001   5-modale Verteilung der Leukozyten zusätzlich zu Kleines Blutbild
              (17803.001)
17801.002 - .899   nicht besetzt
17801.900 - .999   vorläufige laboratoriumsinterne Nummerierung von
                     Untersuchungen analogen Aufwandes

17802.   Partikelgrößenbestimmung, elektronisch
Katalog
17802.001   3-modale Verteilung der Leukozyten, zusätzlich zu Kleines Blutbild
              (17803.001)
17802.002 - .899   nicht besetzt
17802.900 - .999   vorläufige laboratoriumsinterne Nummerierung von

Untersuchungen analogen Aufwandes

17803.   Partikelzählung, elektronisch oder optisch-elektronisch
                    einschließlich der photometrischen Untersuchung von Inhaltsstoffen
Katalog
17803.001   Kleines Blutbild (Erythrozytenzahl und/oder Leukozytenzahl und/oder
                    Thrombozytenzahl und/oder Hämoglobin und/oder mittleres
                    Zellvolumen (MCV) sowie die errechneten Kenngrößen und die
                    Erythrozytenverteilungskurve)
17803.002 - .899   nicht besetzt
17803.900 - .999   vorläufige laboratoriumsinterne Nummerierung von
                    Untersuchungen analogen Aufwandes

18000.   Photometrie

18001.   Photometrische Untersuchung
Katalog
18001.001   Albumin
18001.002   Alkalische Phosphatase
18001.003   Alkalische Phosphatase - Isoenzyme, photometrisch (chemische oder
                    thermische Hemmung oder Fällung)
18001.004 $alpha_2$-Antiplasmin
18001.005   Ammoniak (NH4$^+$)
18001.006   Amylase
18001.007   Amylase - Isoenzyme (chemische Hemmung)
18001.008   Amylase - Isoenzyme (z. B. Immuninhibition)
18001.009   Angiotensin I Converting Enzyme (Angiotensin I-Convertase, ACE)
18001.010   Anorganisches Phosphat
18001.011   Antithrombin III (chromogenes Substrat)
18001.012   Bilirubin, gesamt
18001.013   Bilirubin, konjugiert
18001.014   Calcium
18001.015   C1-Esteraseinhibitor (chromogenes Substrat)
18001.016   Chlorid, enzymatisch
18001.017   Cholesterin
18001.018   Cholinesterase (Pseudocholinesterase, CHE, PCHE)
18001.019   Chymotrypsin (Stuhl)
18001.020   Creatinkinase
18001.021   Creatinkinase MB (Immuninhibitionsmethode)(CK-MB)
18001.022   Eisen
18001.023   Enzyme der Hämsynthese (delta-Aminolaevulinsäure-Dehydratase,
                    Uroporphyrinsynthase und ähnliche)
18001.024   Erythrozytenenzyme (Glukose-6-Phosphat-Dehydrogenase,
                    Pyruvatkinase und ähnliche)
18001.025   Ethanol
18001.026   Fructosamin

18001.027	Fruktose
18001.028	Gammaglutamyltranspeptidase (gamma-Glutamyltransferase, γ-GT)
18001.029	Gesamtöstrogene (Urin)
18001.030	Gesamtprotein
18001.031	Gewebsplasminogenaktivator, chromogenes Substrat (TPA)
18001.032	Glukose
18001.033	Glutamatdehydrogenase (GLDH)
18001.034	Glutamatoxalazetattransaminase (GOT, Aspartataminotransferase, ASAT, AST)
18001.035	Glutamatpyruvattransaminase (GPT, Alaninaminotransferase, ALAT, ALT)
18001.036	Glykierte Hämoglobine (HbA_1, HbA_{1c})
18001.037	Glykierte Proteine
18001.038	Harnsäure
18001.039	Hämoglobin
18001.040	HDL-Cholesterin
18001.041	Heparin, chromogenes Substrat
18001.042	Harnstoff (Harnstoff-N, BUN)
18001.043	2-Hydroxybutyratdehydrogenase (HBDH)
18001.044	Kalium (enzymatisch)
18001.045	Kreatin
18001.046	Kreatinin (enzymatisch)
18001.047	Kreatinin (Pikrat-Methode, Jaffé-Methode)
18001.048	Kupfer
18001.049	Laktat
18001.050	Laktatdehydrogenase (LDH)
18001.051	LDH1 -Isoenzym (Immunpräzipitation)
18001.052	LDL-Cholesterin
18001.053	Lecithin/Sphingomyelin-Quotient (L/S-Quotient), Sphingomyelin, Lecithin
18001.054	Leucin-Arylamidase (LAP)
18001.055	Lipase
18001.056	Lysozym
18001.057	Magnesium
18001.058	Methämoglobin
18001.059	Natrium (enzymatisch)
18001.060	Plasminogen (chromogenes Substrat)
18001.061	Plasminogenaktivatorinhibitor (PAI)(chromogenes Substrat)
18001.062	Protein C - Konzentration (chromogenes Substrat)
18001.063	Protein (Urin)
18001.064	Saure Phosphatase (sP)
18001.065	Partielle Thromboplastinzeit, chromogenes Substrat (PTT, aPTT)
18001.066	Tatrathemmbare saure Phosphatase (PSP)
18001.067	Thromoplastinzeit, chromogenes Substrat (TPZ, Prothrombinzeit, PT, Quickwert)
18001.068	Triglyzeride
18001.069	Vanillinmandelsäure (Urin)(VMA) (Pisanomethode)

18001.070   D-Xylose
18001.071 - .899   nicht besetzt
18001.900 - .999   vorläufige laboratoriumsinterne Nummerierung von
Untersuchungen analogen Aufwandes

18002.   Photometrische Untersuchung nach vorangegangener
säulenchromatographischer Trennung
Katalog
18002.001   delta-Aminolaevulinsäure (delta-ALS, delta-ALA, DALS)
18002.002   Gesamtporphyrine
18002.003   Homovanillinsäure (HVA)
18002.004   5-Hydroxyindolessigsäure (5-HIES)
18002.005   Metanephrine
18002.006   Porphobilinogen (PBG)
18002.007 - .899   nicht besetzt
18002.900 - .999   vorläufige laboratoriumsinterne Nummerierung von
Untersuchungen analogen Aufwandes

18100.   Potentiometrie

18101.   Potentiometrische Untersuchung
Katalog
18101.001   Blutgasanalyse (pH und/oder pCO_2 und/oder pO_2 und/oder Hb
(Blutgasanalyse))
18101.002   Calcium
18101.003   Calcium, ionisiert
18101.004   Chlorid
18101.005   Glukose
18101.006   Kalium
18101.007   Laktat
18101.008   Natrium
18101.009   Wasserstoffionenkonzentration (pH), jedoch keine Bestimmung in Blut
oder Urin
18101.010 - .899   nicht besetzt
18101.900 - .999   vorläufige laboratoriumsinterne Nummerierung von
Untersuchungen analogen Aufwandes

18200.   Reflektometrie und Reagenzträger

18201.   Reflektometrische Untersuchung mit Hilfe von Reagenzträgern,
semiquantitativ
Katalog
18201.001   Streifentest (Urin) (pH, Protein, Glukose, Hb, Keton, Leukozyten,
Urobilinogen, Bilirubin, Ascorbinsäure, und/oder Nitrit), 5 bis 10
Felder
18201.002 - .899   nicht besetzt

18201.900 - .999   vorläufige laboratoriumsinterne Nummerierung von
Untersuchungen analogen Aufwandes

18202.   Reflektometrische oder potentiometrische Untersuchung mit Hilfe
von Reagenzträgern, auch auf mechanisierten Analysegeräten

Katalog

18202.001   Albumin
18202.002   Ammoniak ($NH4^+$)
18202.003   Amylase
18202.004   Alkalische Phosphatase
18202.005   Anorganisches Phosphat
18202.006   Bilirubin, gesamt
18202.007   Bilirubin, konjugiert
18202.008   Calcium, photometrisch
18202.009   Cholesterin
18202.010   Cholinesterase (Pseudocholinesterase, CHE, PCHE)
18202.011   Chlorid
18202.012 CO_2
18202.013   Creatinkinase (CK)
18202.014   Creatinkinase MB (Immuninhibitionsmethode)(CK-MB)
18202.015   CRP (C-reaktives Protein)
18202.016   Eisen
18202.017   Gammaglutamyltranspeptidase (γ-GT)
18202.018   Gesamtprotein
18202.019   Glukose
18202.020   Glutamatoxalazetattransaminase (GOT, Aspartataminotransferase,
ASAT, AST)
18202.021   Glutamatpyruvattransaminase (GPT, Alaninaminotransferase, ALAT,
ALT)
18202.022   Hämoglobin
18202.023   Harnsäure
18202.024   Harnstoff (Harnstoff-N, BUN)
18202.025   Kalium
18202.026   Kreatinin
18202.027   Kupfer
18202.028   Laktat
18202.029   Laktatdehydrogenase (LDH)
18202.030   Lipase
18202.031   Lithium
18202.032   Magnesium
18202.033   Natrium
18202.034   Partielle Thromboplastinzeit (PTT, aPTT) (chromogenes Substrat)
18202.035   Phenytoin
18202.036   Salizylat
18202.037   Saure Phosphatase (sP)
18202.038   Theophyllin
18202.039   Thromoplastinzeit (TPZ, Prothrombinzeit, PT,

	Quickwert)(chromogenes Substrat)
18202.040	Triglyzeride
18202.041 - .899	nicht besetzt
18202.900 - .999	vorläufige laboratoriumsinterne Nummerierung von Untersuchungen analogen Aufwandes

18300.   Rezeptorassays

| 18301. | Rezeptorassay, quantitativ |

Katalog

18301.001	Östrogenrezeptoren
18301.002	Progesteronrezeptoren
18301.003 - .899	nicht besetzt
18301.900 - .999	vorläufige laboratoriumsinterne Nummerierung von Untersuchungen analogen Aufwandes

18400   Rheologie

| 18401. | Rheologische Untersuchung (Viskosimetrie)(Messung bei bis zu 3 Temperaturen) |

Katalog

18401.001	Blutviskosität
18401.002	Plasmaviskosität
18401.003	Serumviskosität
18401.004	Viskosität anderer Körperflüssigkeiten
18401.005 - .899	nicht besetzt
18401.900 - .999	vorläufige laboratoriumsinterne Nummerierung von Untersuchungen analogen Aufwandes

| 18402. | Thrombozyten-Funktionsprüfung |

Katalog

18402.001	PFA (platelet function assay)
18402.002	Retentionstest
18402.003 - .899	nicht besetzt
18402.900 - .999	vorläufige laboratoriumsinterne Nummerierung von Untersuchungen analogen Aufwandes

18500.   Röntgendiffraktion

| 18501. | Röntgendiffraktionsuntersuchung |

Katalog

18501.001	Gallensteinanalyse
18501.002	Harnsteinanalyse
18501.003 - .899	nicht besetzt
18501.900 - .999	vorläufige laboratoriumsinterne Nummerierung von Untersuchungen analogen Aufwandes

18600.   Sedimentation

18601.   Sedimentationsbestimmung
Katalog
18601.001   Blutkörperchensenkungsgeschwindigkeit (BKS, BSG)
18601.002 - .899   nicht besetzt
18601.900 - .999   vorläufige laboratoriumsinterne Nummerierung von
                    Untersuchungen analogen Aufwandes

18700.   Spektralphotometrie

18701.   Spektralphotometrische Untersuchung, quantitativ
Katalog
18701.001   Bilirubin, gesamt
18701.002   Bilirubin (Fruchtwasser)
18701.003   Carboxyhämoglobin (CO-Hb)
18701.004   Freies Hämoglobin
18701.005   Methämoglobin (Met-Hb)
18701.006   Sauerstoffsättigung
18701.007 - .899   nicht besetzt
18701.900 - .999   vorläufige laboratoriumsinterne Nummerierung von
                    Untersuchungen analogen Aufwandes

18800.   Titrimetrie

18801.   Titrimetrische Untersuchung im Magensaft- oder Duodenalsekret
Katalog
18801.001   Bikarbonat
18801.002   HCl
18801.003 - .899   nicht besetzt
18801.900 - .999   vorläufige laboratoriumsinterne Nummerierung von
                    Untersuchungen analogen Aufwandes

18802.   Titrimetrische Untersuchung nach vorausgangener Extraktion
Katalog
18802.001   Stuhlfettbestimmung
18802.002 - .899   nicht besetzt
18802.900 - .999   vorläufige laboratoriumsinterne Nummerierung von
                    Untersuchungen analogen Aufwandes

18900.   Ultrazentrifugation

18901.   Ultrazentrifugationsuntersuchungen
Katalog
18901.001   Fraktionierung der Lipoproteine
18901.002 - .899   nicht besetzt

18901.900 - .999   vorläufige laboratoriumsinterne Nummerierung von
                     Untersuchungen analogen Aufwandes

19000.   **Visuelle Verfahren**

19001.   Visuelle Untersuchung
Katalog
19001.001   Kryoglobuline
19001.002 - .899   nicht besetzt
19001.900 - .999   vorläufige laboratoriumsinterne Nummerierung von
                     Untersuchungen analogen Aufwandes

19002.   Visuelle Untersuchung mit vorausgegangener Farbreaktion,
                    qualitativ
Katalog
19002.001   Homogentisinsäure
19002.002   Schwefelhaltige Aminosäuren (Cystin, Cystein, Homocystin)
19002.003   Porphobilinogen (PBG, Hösch-Test, Schwarz-Watson-Test) mit
Rückextraktion
19002.004   5-Hydroxyindolessigsäure (5-HIES)
19002.005 - .899   nicht besetzt
19002.900 - .999   vorläufige laboratoriumsinterne Nummerierung von
                     Untersuchungen analogen Aufwandes

19003.   Visuelle Untersuchung mit vorausgegangener Farbreaktion, semi-
                    quantitativ
Katalog
19003.001   Antikörper gegen Hyaluronidase
19003.002   Antikörper gegen Streptokokken-Desoxyribonuklease
             (Antistreptodornase, ADNAse B)
19003.003   Antikörper gegen Streptokokken NAD-Glykohydrolase
19003.004 - .899   nicht besetzt
19003.900 - .999   vorläufige laboratoriumsinterne Nummerierung von
                     Untersuchungen analogen Aufwandes

19004.   Visuelle Untersuchung mit Hilfe von Reagenzträgern, qualitativ
Katalog
19004.001   Blut (Stuhl), dreimalige Bestimmung, Hämoccult-Test
19004.002   Albumin (stuhl), einmalige Bestimmung
19004.003 - .899   nicht besetzt
19004.900 - .999   vorläufige laboratoriumsinterne Nummerierung von
                     Untersuchungen analogen Aufwandes

19005.   Visuelle Untersuchung mit Hilfe von Reagenzträgern,
                    semiquantitativ

Katalog

19005.001	Streifentest (Urin) (pH, Protein, Glukose, Hb, Keton, Leukozyten, Urobilinogen und/oder Nitrit) 3 bis 4 Felder
19005.002	Streifentest (Urin) (pH, Protein, Glukose, Hb, Keton, Leukozyten, Urobilinogen, Bilirubin, Ascorbinsäure und/oder Nitrit) 5 bis 10 Felder
19005.001	Glukose (Blut)
19005.002	Harnstoff (Blut)
19005.003 - .899	nicht besetzt
19005.900 - .999	vorläufige laboratoriumsinterne Nummerierung von Untersuchungen analogen Aufwandes

19006.   Visuelle Untersuchung, Osmotische Resistenz

Katalog

19006.001	Osmotische Resistenz der Erythrozyten
19006.002 - .899	nicht besetzt
19006.900 - .999	vorläufige laboratoriumsinterne Nummerierung von Untersuchungen analogen Aufwande

19100.   Zellkultivierung

19101.   Zellkultivierungsuntersuchungen

Katalog

19101.001	Lymphozytenkultur, gemischte
19101.002 - .899	nicht besetzt
19101.900 - .999	vorläufige laboratoriumsinterne Nummerierung von Untersuchungen analogen Aufwandes

19200.   Zellfunktion

19201.   Zellfunktionsuntersuchungen

Katalog

19201.001	Granulozytenadhäsivität
19201.002	Granulozytenchemotaxis
19201.003	Granulozytenregranulierung
19201.004	Granulozytensauerstoffaufnahme
19201.005	Lymphozytenproliferationstest
19201.006	Lymphozytentransformationstest
19201.007	Phagozytäre Funktion neutrophiler Granulozyten (Nitrotetrazolblautest = NBT-Test)
19201.008 - .899	nicht besetzt
19201.900 - .999	vorläufige laboratoriumsinterne Nummerierung von Untersuchungen analogen Aufwandes

19300.   **Zentrifugation**

19301.   Zentrifugationsuntersuchungen
Katalog
19301.001   Hämatokrit
19301.002 - .899   nicht besetzt
19301.900 - .999   vorläufige laboratoriumsinterne Nummerierung von
               Untersuchungen analogen Aufwandes

**10.3.2   Untersuchungen zum Nachweis und zur Charakterisierung von
Krankheitserregern**

**20000.   Untersuchungen zum Nachweis und zur Charakterisierung von
Bakterien**

20100.   Untersuchungen im Nativmaterial

21101.   Nachweis von bakteriellen Antigenen im Nativmaterial mittels
               Agglutinationsreaktion (z.B. Latexagglutination)

20102.   Durchflußzytometrie

20103.   Lichtmikroskopische Untersuchung des Nativmaterials ohne
               Anfärbung, qualitativ

20104.   Lichtmikroskopische Untersuchung des Nativmaterials mit
               Anfärbung, qualitativ
Katalog
20104.001   Auramin-Färbung
20104.002   Lugol-Färbung
20104.003   Giemsa-Färbung
20104.004   Gram-Färbung
20104.005   Methylenblau-Färbung
20104.006   Ziehl-Neelsen-Färbung
20104.007 - .899   nicht besetzt
20104.900 - .999   vorläufige laboratoriumsinterne Nummerierung von
               Untersuchungen analogen Aufwandes

20105.   Lichtmikroskopische, immunologische Untersuchung des
               Nativmaterials zum Nachweis von Bakterien mit Fluoreszenz-,
               Enzym- oder anderer Markierung

20106.   Ligandenassay, Untersuchung des Nativmaterials zum Nachweis
               von Bakterienantigenen mittels Ligandenassay, (z.B. Enzym-,
               Radioimmunoassay), qualitativ

20107.   Identifizierung, Untersuchung zur Identifizierung von
                Bakteriengenomen im Nativmaterial mittels
                Hybridisierungsverfahren (je Sonde)

20108.   Identifizierung, Untersuchung zur Identifizierung von
                Bakteriengenomen im Nativmaterial mittels Amplifikation

20109.   Identifizierung, Untersuchung zur Identifizierung von
                Bakteriengenomen im Nativmaterial mittels aufwendiger
                Amplifikationsverfahren (nested PCR o. ä.)

20110.   Identifizierung von Amplifikaten bakterieller Genome mittels
                Agarosegelelektrophorese, RLFP oder ähnlichen Verfahren

20111.   Identifizierung von Amplifikaten bakterieller Genome mittels
                Hybridisierungsverfahren (markierte Sonden oder ähnlichen
                Verfahren)

20112.   Identifizierung von Amplifikaten bakterieller Genome mittels DNA-
                Sequenzermittlung

20200.   Züchtung/Gewebekultur

20201.   Züchtung, Untersuchung zum Nachweis und/oder zur
                Identifizierung von Bakterien nach einfacher Anzüchtung oder
                Weiterzüchtung auf Nährböden, aerob (je Material oder
                weitergezüchtetem Keim)

Katalog
20201.001   Blut-Agar
20201.002   Cled-Agar
20201.003   Endo-Agar
20201.004   McConkey-Agar
20201.005   Nährbouillon
20201.006 - .899   nicht besetzt
20201.900 - .999   vorläufige laboratoriumsinterne Nummerierung von
                       Untersuchungen analogen Aufwandes

20202.   Züchtung, Untersuchung zum Nachweis und/oder zur
                Identifizierung von Bakterien nach Anzüchtung oder Weiterzüchtung
                bei besonderer Temperatur (je Material oder weitergezüchtetem
                Keim)

20203.   Züchtung, Untersuchung zum Nachweis und/oder zur
                Identifizierung von Bakterien nach Anzüchtung oder Weiterzüchtung
                in besonderer Atmosphäre (je Material oder weitergezüchtetem
                Keim)

20204.   Züchtung, Untersuchung zum Nachweis oder zur Identifizierung
                von Bakterien nach Anzüchtung oder Weiterzüchtung auf Selektiv-
                oder Anreicherungsmedien, aerob (je Material oder
                weitergezüchtetem Keim)

Katalog
20204.001   Blut-Agar mit Antibiotikazusätzen
20204.002   Schokoladen-Agar
20204.003   Yersinien-Agar
20204.004   Columbia-Agar
20204.005   Kochsalz-Mannit-Agar
20204.006   Thayer-Martin-Medium
20204.005 - .899   nicht besetzt
20204.900 - .999   vorläufige laboratoriumsinterne Nummerierung von
                     Untersuchungen analogen Aufwandes

20205.   Züchtung, Untersuchung zum Nachweis oder zur Identifizierung
                von Bakterien nach besonders aufwendiger Anzüchtung oder
                Weiterzüchtung auf Selektiv- oder Anreicherungsmedien (je
                Material oder weitergezüchtetem Keim)

Katalog
20205.001   Campylobacter/Helicobacter
20205.002   Legionellen
20205.003   Mycoplasmen
20205.004   Clostridium difficile
20205.005 - .899   nicht besetzt
20205.900 - .999   vorläufige laboratoriumsinterne Nummerierung von
                     Untersuchungen analogen Aufwandes

20206.   Anzüchtung von Mykobakterien mit mindestens zwei festen und
                einem flüssigen Nährmedium

20207.   Gewebekultur, Untersuchung zum Nachweis von Bakterien nach
                Anzüchtung auf Gewebekultur oder Subkultur

Katalog
20207.001   Chlamydien
20207.002 - .899   nicht besetzt
20207.900 - .999   vorläufige laboratoriumsinterne Nummerierung von
                     Untersuchungen analogen Aufwandes

20208.   Gewebekultur, Untersuchung zum Nachweis von bakteriellen
                Toxinen, semiquantitativ

20209.   Gewebekultur, Untersuchung zum Nachweis von bakteriellen
                Toxinen mit Spezifitätsprüfung mittels Neutralisationstest,
                semiquantitativ

20300.   Identifizierung/Typisierung

20301.   Orientierende Identifizierung, Untersuchung von angezüchteten
                       Bakterien mit einfachen Verfahren (je Test und Keim)
Katalog
20301.001   Galle-Test
20301.002   Katalase-Test
20301.003   Klumpungstest
20301.004   Optochin-Test
20301.005   Oxidase-Test
20301.006 - .899   nicht besetzt
20301.900 - .999   vorläufige laboratoriumsinterne Nummerierung von
                     Untersuchungen analogen Aufwandes

20302.   Identifizierung, Untersuchung von angezüchteten Bakterien mittels
                       aufwendiger Verfahren (je Test und Keim)
Katalog
20302.001   Ammen-Test
20302.002   Äskulin-Harnstoffspaltung
20302.003   CAMP-Test
20302.004   DNAase-Test
20302.005   Harnstoffspaltung
20302.006   Koagulase-Test
20302.007   Methylenblaureduktion
20302.008   Nitratreduktion
20302.009   O-F-Test
20302.010 - .899   nicht besetzt
20202.900 - .999   vorläufige laboratoriumsinterne Nummerierung von
                     Untersuchungen analogen Aufwandes

20303.   Identifizierung, Untersuchung von angezüchteten Bakterien mittels
                       Mehrtestverfahren (z.B. Kombination von Zitrat-, Kligler-, SIM-
                       Agar)(je Keim)

20304.   Identifizierung, Untersuchung von aerob angezüchteten Bakterien
                       mittels (bis zu 8 Reaktionen)(je Keim)

20305.   Identifizierung, Untersuchung von aerob angezüchteten Bakterien
                       mittels erweiterter bunter Reihe (mehr als 8 Reaktionen) (je Keim)

20306.   Identifizierung, Untersuchung anaerob angezüchteter Bakterien
                       mittels erweiterter bunter Reihe in besonderer Atmosphäre (je
                       Keim)

20307.   Identifizierung, lichtmikroskopische Untersuchung mit Anfärbung,
                       qualitativ

Katalog
20307.001   Gram-Färbung (Bakterienkulturausstrich)
20307.002   Neisser-Färbung (Bakterienkulturausstrich)
20307.003   Ziehl-Neelsen-Färbung (Bakterienkulturausstrich)
20307.004 - .899   nicht besetzt
20307.900 - .999   vorläufige laboratoriumsinterne Nummerierung von
                    Untersuchungen analogen Aufwandes

20308.   Identifizierung, lichtmikroskopische Untersuchung mit Anfärbung
                mit Fluorochromen, qualitativ
Katalog
20308.001   Auramin-Färbung (Bakterienkulturausstrich)
20308.002 - .899   nicht besetzt
20308.900 - .999   vorläufige laboratoriumsinterne Nummerierung von
                    Untersuchungen analogen Aufwandes

20309.   Identifizierung, lichtmikroskopische, immunologische Untersuchung
                von Bakterien mit Fluoreszenz-, Enzym- oder anderer Markierung
                (je Antiserum)

20310.   Identifizierung, Ligandenassay, Untersuchung zum Nachweis von
                Bakterienantigenen mittels Ligandenassay, (z.B. Enzym-, Radio-
                immunoassay), qualitativ

20311.   Identifizierung, Untersuchung von angezüchteten Bakterien über
                Metabolitprofil mittels Gaschromatographie
Katalog
20311.001   Anaerobier
20311.002 - .899   nicht besetzt
20311.900 - .999   vorläufige laboratoriumsinterne Nummerierung von
                    Untersuchungen analogen Aufwandes

20312.   Identifizierung, Untersuchung von angezüchteten Bakterien über
                Metabolitprofil (z.B. Fettsäurenprofil) mittels
                gaschromatographischer Untersuchung mit aufwendiger
                Probenvorbereitung (z.B. Extraktion) und Derivatisierungreaktion

20313.   Identifizierung, Untersuchung von angezüchteten Bakterien mittels
                chromatographischer Analyse struktureller Komponenten

20314.   Identifizierung, Untersuchung von angezüchteten Bakterien mittels
                Agglutination
Katalog
20314.001   ß-hämolysierende Streptokokken
20314.002   E. coli
20314.003   Salmonellen

20314.004   Shigellen
20314.005 - .899   nicht besetzt
20314.900 - .999   vorläufige laboratoriumsinterne Nummerierung von
                    Untersuchungen analogen Aufwandes

20315.   Typisierung, Untersuchung mittels Phagentypisierung von
                    angezüchteten Bakterien
Katalog
20315.001   Brucellen
20315.002   Pseudomonaden
20315.003   Staphylokokken
20315.004   Salmonellen
20315.005 - .899   nicht besetzt
20315.900 - .999   vorläufige laboratoriumsinterne Nummerierung von
                    Untersuchungen analogen Aufwandes

20316.   Typisierung, Untersuchung zur Typisierung angezüchteter Bakterien
                    mit molekularbiologischen Verfahren (z.B.
                    Restriktionsendonukleasespaltung)

20317.   Typisierung, Identifikation bakterieller DNA mittels
                    Chromatographie

20318.   Typisierung, Identifizierung bakterieller DNA mittels Pulsfeld-Gel-
                    Elektrophorese

20319.   Identifizierung, Untersuchung von angezüchteten Bakterien mittels
                    Hybridisierungsverfahren (je Sonde)

20320.   Identifizierung, Untersuchung zur Identifizierung von
                    Bakteriengenomen mittels Amplifikation

20321.   Identifizierung, Untersuchung zur Identifizierung von
                    Bakteriengenomen mittels aufwendiger Amplifikationsverfahren
                    (nested PCR o. ä.)

20322.   Identifizierung, Identifizierung von Amplifikaten bakterieller
                    Genome mittels Agarosegelelektrophorese, RLFP oder ähnlichen
                    Verfahren

20323.   Identifizierung, Identifizierung von Amplifikaten bakterieller
                    Genome mittels Hybridisierungsverfahren (markierte Sonden oder
                    ähnliche Verfahren)

20324.   Identifizierung, Identifizierung von Amplifikaten bakterieller
                    Genome mittels DNA-Sequenzermittlung

20325.   Photometrische oder radiochemische Untersuchung zum Nachweis
                und zur Identifizierung von Bakterien mittels Anzüchtung in
                Flüssigmedien und Nachweis von Substratverbrauch oder
                Reaktionsprodukten durch spektrometrische Verfahren durch
                Anzüchtung in entsprechenden Flüssigmedien und photometrische,
                turbidimetrische oder nephelometrische Messung (z.B. teil- oder
                vollmechanisierte Geräte für Blutkulturen, Tb u.a.)

20400.   Toxinnachweis

20401.   Toxinnachweis mittels Agglutinationsreaktion

20402.   Ligandenassay, Untersuchung zum Nachweis von Bakterientoxinen
                mittels Ligandenassay, (z.B. Enzym-, Radioimmunoassay),
                qualitativ
Katalog
20402.001   C. diphtheriae
20402.002   C. difficile, tetani oder botulinum
20402.003   enteropathogene E.coli-Stämme
20402.004   S. aureus
20402.005   Vibrionen
20402.006 - .899   nicht besetzt
20402.900 - .999   vorläufige laboratoriumsinterne Nummerierung von
                     Untersuchungen analogen Aufwandes

20403.   Präzipitation, Untersuchung zum Nachweis von Bakterienantigenen
                oder -toxinen mittels Präzipitation im Agargel mittels Antitoxinen
Katalog
20403.001   C. diphtheriae
20403.002   Staphylokokken
20403.003 - .899   nicht besetzt
20403.900 - .999   vorläufige laboratoriumsinterne Nummerierung von
                     Untersuchungen analogen Aufwandes

20404.   Inokulation, Untersuchung zum Nachweis von Bakterientoxinen
                mittels Inokulation in Versuchstiere

20500.   Keimzahl

20501.   Keimzahl, Untersuchung zur Bestimmung der Keimzahl mittels
                Tauchobjektträgerkultur, semiquantitativ

20502.   Keimzahl, Untersuchung zur Bestimmung der Keimzahl mittels
                Oberflächenkultur oder Plattengußverfahren nach quantitativer
                Aufbringung des Untersuchungsmaterials

20503.   Hemmstoffnachweis, Untersuchung zum Nachweis von
                  Hemmstoffen mittels trägergebundener Substanzen (je Material)

20600.   Empfindlichkeitstestung

20601.   Empfindlichkeitstestung, Untersuchung zur Prüfung der
                  Empfindlichkeit von Bakterien gegen Antibiotika und/oder
                  Chemotherapeutika mittels semiquantitativem Agardiffusionstest und
                  trägergebundenen Testsubstanzen (je Keim und getesteter Substanz)

20602.   Empfindlichkeitstestung, Untersuchung zur Prüfung der
                  Empfindlichkeit von Bakterien gegen Antibiotika und/oder
                  Chemotherapeutika nach der Break-Point-Methode (je Keim und
                  getesteter Substanz)

20603.   Empfindlichkeitstestung, Untersuchung zur Prüfung der
                  Empfindlichkeit von Bakterien gegen Antibiotika und/oder
                  Chemotherapeutika mittels semiquantitativem
                  Antibiotikadilutionstest (Agardilution oder MHK-Bestimmung)(je
                  Keim und getesteter Substanz)

20603.   Empfindlichkeitstestung, Untersuchung zur Prüfung der
                  Empfindlichkeit von Bakterien gegen Antibiotika und/oder
                  Chemotherapeutika mittels E-Test (je Keim und getesteter Substanz)

20604.   Empfindlichkeitstestung, Untersuchung zur Prüfung der
                  Empfindlichkeit von Bakterien gegen Antibiotika und/oder
                  Chemotherapeutika mittels semiquantitativer Bestimmung der
                  minimalen mikrobiziden Antibiotikakonzentration (MBC)(je Keim
                  und getesteter Substanz)

20605.   Empfindlichkeitstestung, photometrischer Nachweis, Untersuchung
                  zur quantitativen Prüfung der Empfindlichkeit von Bakterien gegen
                  Antibiotika und/oder Chemotherapeutika mittels Anzüchtung in
                  entsprechenden Flüssigmedien und photometrische,
                  turbidimetrische, nephelometrische oder radiochemische Messung
                  (z.B. teil- oder vollmechanisierte Geräte)(je Keim und getesteter
                  Substanz)

**21000.   Untersuchungen zum Nachweis und zur Charakterisierung von
                  Viren**

21100.   Untersuchungen im Nativmaterial

21101.   Nachweis von viralen Antigenen im Nativmaterial mittels
                  Agglutinationsreaktion (z.B. Latexagglutination)

Katalog

21101.001	Rota-Viren
21101.002 - .899	nicht besetzt
21101.900 - .999	vorläufige laboratoriumsinterne Nummerierung von Untersuchungen analogen Aufwandes

21102. Lichtmikroskopische Untersuchung im Nativmaterial zum Nachweis von Einschluß- oder Elementarkörperchen aus Zellmaterial mit Anfärbung, qualitativ

Katalog

21102.001	Tollwut-Virus
21102.002	Herpes simplex-Virus
21102.003 - .899	nicht besetzt
21102.900 - .999	vorläufige laboratoriumsinterne Nummerierung von Untersuchungen analogen Aufwandes

21103. Lichtmikroskopische, immunologische Untersuchung im Nativmaterial zum Nachweis von Viren mit Fluoreszenz-, Enzym- oder anderer Markierung (je Antiserum)

21104. Elektronenmikroskopischer Nachweis und Identifizierung von Viren im Nativmaterial

21105. Ligandenassay (z.B. Enzym-, Radioimmunoassay) zum Nachweis von viralen Antigenen im Nativmaterial

Katalog

21105.001	Adeno-Viren
21105.002	Hepatitis-Viren
21105.003	Influenza-Viren
21105.004	Parainfluenza-Viren
21105.005	Rota-Virus
21105.006	Respiratory syncytial virus
21105.007 - .899	nicht besetzt
21105.900 - .999	vorläufige laboratoriumsinterne Nummerierung von Untersuchungen analogen Aufwandes

21106. Identifizierung, Untersuchung zur Identifizierung von Virusgenomen im Nativmaterial mittels Hybridisierungsverfahren (je Sonde)

21107. Identifizierung, Untersuchung zur Identifizierung von Virusgenomen im Nativmaterial mittels Amplifikation

21108. Identifizierung, Untersuchung zur Identifizierung von Virusgenomen im Nativmaterial mittels aufwendiger Amplifikationsverfahren (nested PCR o. ä.)

21109.   Identifizierung von Amplifikaten viraler Genome mittels Agarose-
              gelelektrophorese, RLFP oder ähnlicher Verfahren

21110.   Identifizierung von Amplifikaten viraler Genome mittels
              Hybridisierungsverfahren (markierte Sonden oder ähnliche
              Verfahren)

21111.   Identifizierung von Amplifikaten viraler Genome mittels DNA-
              Sequenzermittlung

21200.   Züchtung

21201.   Anzüchtung, Untersuchung zum Nachweis von Viren nach
              Anzüchtung auf Gewebekultur oder Subkultur

21300.   Identifizierung/Charakterisierung

21301.   Charakterisierung, Untersuchung zur Charakterisierung von Viren
              mittels einfacher Verfahren
Katalog
21301.001   Ätherresistenz
21301.002   Chloroformresistenz
21301.003   pH3-Test
21301.004 - .899   nicht besetzt
21301.900 - .999   vorläufige laboratoriumsinterne Nummerierung von
                     Untersuchungen analogen Aufwandes

21302.   Identifizierung von Viren mittels aufwendigerer Verfahren
              (Hämabsorption, Hämagglutination, Hämagglutinationshemmung)

21303.   Identifizierung von Viren mittels Neutralisationstest

21304.   Identifizierung von Virus-Antigenen mittels Immunoblotting

21305.   Identifizierung von Viren mittels Hybridisierungsverfahren (je
              Sonde)
Katalog
21305.001   Adeno-Viren
21305.002   Cytomegalie-Virus
21305.003   Epstein-Barr-Viren
21305.004   Hepatitis B-Virus
21305.005   Herpes simplex-Virus
21305.006 - .899   nicht besetzt
21305.900 - .999   vorläufige laboratoriumsinterne Nummerierung von
                     Untersuchungen analogen Aufwandes

21306.   Identifizierung, Untersuchung zur Identifizierung von Virengenomen
                mittels Amplifikation

21307.   Identifizierung, Untersuchung zur Identifizierung von Virengenomen
                mittels aufwendiger Amplifikationsverfahren (nested PCR o. ä.)

21308.   Identifizierung, Identifizierung von Amplifikaten viraler Genome
                mittels Agarosegelelektrophorese, RLFP oder ähnlichen Verfahren

21309.   Identifizierung, Identifizierung von Amplifikaten viraler Genome
                mittels Hybridisierungsverfahren (markierte Sonden oder ähnlichen
                Verfahren)

21310.   Identifizierung, Identifizierung von Amplifikaten viraler Genome
                mittels DNA-Sequenzermittlung

21311.   Lichtmikroskopische, immunologische Untersuchung zur
                Identifizierung von Viren mit Fluoreszenz-, Enzym- oder anderer
                Markierung

21312.   Elektronenmikroskopischer Nachweis und Identifizierung von Viren

21313.   Ligandenassay (z.B. Enzym-, Radioimmunoassay) zum Nachweis
                von viralen Antigenen

Katalog
21313.001   Adeno-Viren
21313.002   Influenza-Viren
21313.003   Parainfluenza-Viren
21313.004   Rota-Virus
21313.005   Respiratory syncytial virus
21313.006 - .899   nicht besetzt
21313.900 - .999   vorläufige laboratoriumsinterne Nummerierung von
                     Untersuchungen analogen Aufwandes

**22000.   Untersuchungen zum Nachweis und zur Charakterisierung von
                Pilzen**

22100.   Untersuchungen im Nativmaterial

22101.   Nachweis von Pilzantigenen im Nativmaterial mittels
                Agglutinationsreaktion (z.B. Latexagglutination)

22102.   Lichtmikroskopische Untersuchung zum Nachweis von Pilzen ohne
                Anfärbung im Nativmaterial

22103.   Lichtmikroskopische Untersuchung zum Nachweis von Pilzen im
                  Nativmaterial nach Präparation oder aufwendigerer Anfärbung
Katalog
22103.001   Präparation mit Kalilauge
22103.002   Gram-Färbung
22103.003   Giemsa-Färbung
22103.004   Baumwollblau-Färbung
22103.005   Tusche-Färbung
22103.006 - .899   nicht besetzt
22103.900 - .999   vorläufige laboratoriumsinterne Nummerierung von
                  Untersuchungen analogen Aufwandes

22104.   Ligandenassay, Untersuchung im Nativmaterial zum Nachweis von
                  Pilzantigenen mittels Ligandenassay (z.B. Enzym-,
                  Radioimmunoassay)

22105.   Identifizierung, Untersuchung zur Identifizierung von Pilzgenomen
                  im Nativmaterial mittels Hybridisierungsverfahren (je Sonde)

22106.   Identifizierung, Untersuchung zur Identifizierung von Pilzgenomen
                  im Nativmaterial mittels Amplifikation

22107.   Identifizierung, Untersuchung zur Identifizierung von Pilzgenomen
                  im Nativmaterial mittels aufwendiger Amplifikationsverfahren
                  (nested PCR o. ä.)

22108.   Identifizierung von Amplifikaten von Pilzgenomen mittels Agarose-
                  gelelektrophorese

22109.   Identifizierung von Amplifikaten von Pilzgenomen mittels
                  Hybridisierungsverfahren (markierte Sonden oder ähnliche
                  Verfahren)

22110.   Identifizierung von Amplifikaten von Pilzgenomen mittels DNA-
                  Sequenzermittlung

22200.   Züchtung

22201.   Züchtung, Untersuchung zum Nachweis von Pilzen nach An- oder
                  Weiterzüchtung auf einfachen Nährmedien (je Material oder
                  weitergezüchtetem Pilz)
Katalog
22201.001   Sabouraud-Agar
22201.002   Reisnährboden-Agar
22201.003   Würz-Agar
22201.004 - .899   nicht besetzt

22201.900 - .999   vorläufige laboratoriumsinterne Nummerierung von
                      Untersuchungen analogen Aufwandes

22202.   Züchtung, Untersuchung zum Nachweis von Pilzen nach
                      Anzüchtung auf aufwendigeren Nährmedien
Katalog
22202.001   mit Antibiotikazusatz
22202.002 - .899   nicht besetzt
22202.900 - .999   vorläufige laboratoriumsinterne Nummerierung von
                      Untersuchungen analogen Aufwandes

22203.   Züchtung von Pilzen auf Differenzierungsmedien
Katalog
22203.001   Harnstoff-Auxanogramm
22203.002   Stärkeagar
22203.003   Agarplatten-Auxanogramm
22203.004 - .899   nicht besetzt
22203.900 - .999   vorläufige laboratoriumsinterne Nummerierung von
                      Untersuchungen analogen Aufwandes

22300.   Identifizierung/Charakterisierung

22301.   Identifizierung, Untersuchung von angezüchteten Pilzen mittels
                      Röhrchen- oder Mehrkammerverfahren

22302.   Identifizierung, Untersuchung von angezüchteten Pilzen mittels
                      erweiterter bunter Reihe

22303.   Lichtmikroskopische Identifizierung angezüchteter Pilze mit
                      einfacher Anfärbung
Katalog
22303.001   Gram-Färbung
22303.002   Giemsa-Färbung
22303.003   Baumwollblau-Färbung
22303.004   Tusche-Färbung
22303.005 - .899   nicht besetzt
22303.900 - .999   vorläufige laboratoriumsinterne Nummerierung von
                      Untersuchungen analogen Aufwandes

22304.   Identifizierung, Untersuchung von angezüchteten Pilzen mittels
                      Hybridisierungsverfahren (je Sonde)

22305.   Identifizierung, Untersuchung zur Identifizierung von Pilzgenomen
                      mittels Amplifikation

22306.   Identifizierung, Untersuchung zur Identifizierung von Pilzgenomen
              mittels aufwendiger Amplifikationsverfahren (z. B.nested PCR o.ä.)

22307.   Identifizierung, Identifizierung von Amplifikaten von Pilzgenomen
              mittels Agarosegelelektrophorese, RLFP oder ähnlicher Verfahren

22308.   Identifizierung, Identifizierung von Amplifikaten von Pilzgenomen
              mittels Hybridisierungsverfahren (markierte Sonden oder ähnliche
              Verfahren)

22309.   Identifizierung, Identifizierung von Amplifikaten von Pilzgenomen
              mittels DNA-Sequenzermittlung

22400.   Empfindlichkeitstestung

22401.   Empfindlichkeitstestung, Untersuchung zur Prüfung der Empfind-
              lichkeit von angezüchteten Pilzen gegen Antimykotika und/oder
              Chemotherapeutika mittels trägergebundener Testsubstanzen (je Pilz
              und getesteter Substanz)

22402.   Empfindlichkeitstestung, Untersuchung zur Prüfung der Empfind-
              lichkeit von angezüchteten Pilzen gegen Antimykotika und/oder
              Chemotherapeutika mittels Reihenverdünnungstest (je Pilz und gete-
              steter Substanz)

**23000.   Untersuchungen zum Nachweis und zur Charakterisierung von
              Parasiten**

23100.   Untersuchungen im Nativmaterial oder nach Anreicherung

23101.   Lichtmikroskopische Untersuchung ohne oder mit einfacher
              Anfärbung (z.B. Lugol, Methylenblau) einschließlich spezieller
              Beleuchtungsverfahren (z.B. Phasenkontrast), qualitativ
Katalog
23101.001   Amöben
23101.002   Protozoen
23101.003   Sarcoptes scabiei (Krätzmilbe)
23101.004   Würmer und deren Bestandteile, Wurmeier
23101.005 - .899   nicht besetzt
23101.900 - .999   vorläufige laboratoriumsinterne Nummerierung von
                     Untersuchungen analogen Aufwandes

23102.   Lichtmikroskopische Untersuchung ohne oder mit einfacher
              Anfärbung (z.B. Lugol, Methylenblau) einschließlich spezieller
              Beleuchtungsverfahren (z.B. Phasenkontrast), nach einfacher
              Anreicherung (z.B. Sedimentation, Filtration,
              Kochsalzaufschwemmung), qualitativ

Katalog

23102.001   Amöben

23102.002   Protozoen

23102.003   Würmer und deren Bestandteile, Wurmeier

23102.004 - .899   nicht besetzt

23102.900 - .999   vorläufige laboratoriumsinterne Nummerierung von
Untersuchungen analogen Aufwandes

23103.   Lichtmikroskopische Untersuchung auf Parasiten mit aufwendigerer
Anfärbung, qualitativ

Katalog

23103.001   Giemsa-Färbung (Blutausstrich) z.B. Malariaplasmodien

23103.002 - .899   nicht besetzt

23103.900 - .999   vorläufige laboratoriumsinterne Nummerierung von
Untersuchungen analogen Aufwandes

23104.   Lichtmikroskopische Untersuchung ohne oder mit einfacher
Anfärbung (z.B. Lugol, Methylenblau) oder speziellen
Beleuchtungsverfahren (z.B. Phasenkontrast) zum Nachweis von
Parasiten, nach aufwendiger Anreicherung (z.B. Schlüpfversuch,
Formalin-Äther-Verfahren), qualitativ

23105.   Lichtmikroskopische Untersuchung ohne oder mit einfacher
Anfärbung (z.B. Lugol, Methylenblau) oder speziellen
Beleuchtungsverfahren (z.B. Phasenkontrast) zum Nachweis von
Parasiten, nach aufwendiger Anreicherung (z.B. Schlüpfversuch,
Formalin-Äther-Verfahren), quantitativ (z.B. Filtermethode,
Zählkammer)

23106.   Ligandenassay (z.B. Enzym-, Radioimmunoassay) zum Nachweis
von Parasitenantigenen im Nativmaterial

23107.   Identifizierung, Untersuchung zur Identifizierung von
Parasitengenomen im Nativmaterial mittels Hybridisierung (je
Sonde)

23108.   Identifizierung, Untersuchung zur Identifizierung von
Parasitengenomen im Nativmaterial mittels Amplifikation

23109.   Identifizierung, Untersuchung zur Identifizierung von
Parasitengenomen im Nativmaterial mittels aufwendiger
Amplifikationsverfahren (nested PCR o. ä.)

23110.   Identifizierung von Amplifikaten von Parasitengenomen mittels
Agarosegelelektrophorese, RLFP oder ähnlicher Verfahren

23111.   Identifizierung von Amplifikaten von Parasitengenomen mittels
              Hybridisierungsverfahren (markierte Sonden oder ähnliche
              Verfahren)

23112.   Identifizierung von Amplifikaten von Parasitengenomen mittels
              DNA-Sequenzermittlung

23200.   Züchtung

23201.   Züchtung von Parasiten auf Kulturmedien
Katalog
23201.001   Trichomonaden
23201.002   Amöben
23201.003   Lamblien
23201.004 - .899   nicht besetzt
23201.900 - .999   vorläufige laboratoriumsinterne Nummerierung von
                    Untersuchungen analogen Aufwandes

23300.   Identifizierung

23301.   Lichtmikroskopische Untersuchung zur Identifizierung von Parasiten
              nach Kultur
Katalog
23301.001   Trichomonaden
23301.002 - .899   nicht besetzt
23301.900 - .999   vorläufige laboratoriumsinterne Nummerierung von
                    Untersuchungen analogen Aufwandes

23302.   Ligandenassay (z.B. Enzym-, Radioimmunoassay) zum Nachweis
              von Parasitenantigen

22303.   Identifizierung, Untersuchung von angezüchteten Parasiten mittels
              Hybridisierungsverfahren (je Sonde)

22304.   Identifizierung, Untersuchung zur Identifizierung von
              Parasitengenomen mittels Amplifikation

22305.   Identifizierung, Untersuchung zur Identifizierung von
              Parasitengenomen mittels aufwendiger Amplifikationsverfahren
              (nested PCR o. ä.)

22306.   Identifizierung, Identifizierung von Amplifikaten von
              Parasitengenomen mittels Agarosegelelektrophorese, RLFP oder
              ähnlichen Verfahren

22307.   Identifizierung, Identifizierung von Amplifikaten von
              Parasitengenomen mittels Hybridisierungsverfahren (markierte

Sonden oder ähnlichen Verfahren)

22308.   Identifizierung, Identifizierung von Amplifikaten von
                Parasitengenomen mittels DNA-Sequenzermittlung

23400.   Xenodiagnostische Untersuchungen

23401.   Xenodiagnostische Untersuchung zum Nachweis von parasitären
                Krankheitserregern
Katalog
23401.001   Trypanosoma cruzi
23401.002 - .899   nicht besetzt
23401.900 - .999   vorläufige laboratoriumsinterne Numerierung von
                Untersuchungen analogen Aufwandes

10.4 Index

Springer und Umwelt

Als internationaler wissenschaftlicher
Verlag sind wir uns unserer besonderen
Verpflichtung der Umwelt gegenüber
bewußt und beziehen umweltorientierte
Grundsätze in Unternehmens-
entscheidungen mit ein. Von unseren
Geschäftspartnern (Druckereien,
Papierfabriken, Verpackungsherstellern
usw.) verlangen wir, daß sie sowohl
beim Herstellungsprozess selbst als
auch beim Einsatz der zur Verwendung
kommenden Materialien ökologische
Gesichtspunkte berücksichtigen.
Das für dieses Buch verwendete Papier
ist aus chlorfrei bzw. chlorarm
hergestelltem Zellstoff gefertigt und im
pH-Wert neutral.